銅錢你聽過嗎？
-隋唐五代篇-

郭禮文 編著

推薦序

玩物養志　倪仲俊 中國文化大學史學系系主任 推薦

銅錢不只是銅臭，自有歷史的味道　邱建一 藝術史學者 推薦

以史鑑物，由物證史－本書導讀　郭詩毅 教授 推薦

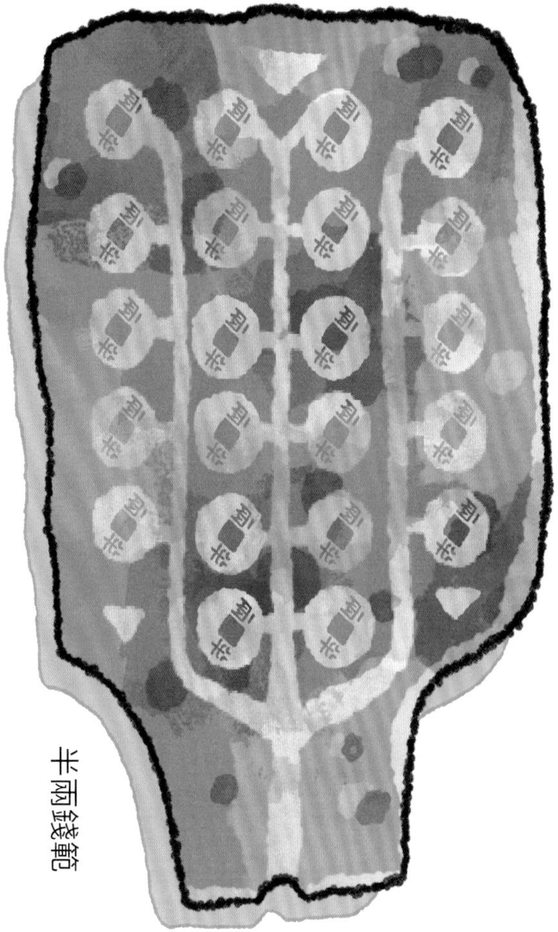

半兩錢範

玩物養志

倪仲俊 中國文化大學史學系系主任 推薦

2023/05/12

「一談起古錢幣，他的眼睛就突然閃起光芒，彷彿有無窮的故事，迫不急待地訴說。」這是我見到禮文的第一個印象。談起這本書，又有更多有趣的發現。

他與古錢幣的緣分，從簡單的把玩、鑑賞，然後開始動手清理文物、製作拓片、分類保存，一步步走上專業蒐藏之路。對古貨幣如此著迷的，不在古貨幣的市場價值，也並不僅止於其古樸多樣的造型與工藝，而是蘊藏於孔方之間的深邃文化內涵。人類存活於世，必須以互通有無的方式，來突破環境對生活條件的限制；貨幣作為交易的媒介，其材質、製鑄、制度與對價，無一不反映其所屬時空的社會情況。換句話說，絕對是可以透過貨幣去發現與述說人類的故事與歷史。因此從熱衷於鑽研、考證古貨幣的歷史知識，甚至決定發篋出書，就不單單是蒐藏興趣使然，而是對於中國古錢幣所連結的中華文化深具溫情與敬意，有志於借此發微其精粹，懷抱著使命感來成就這本書。這就可以說「玩物養志」了。

禮文雖然不是學院派的專業史學家，但是敘史論事卻有史學工作者的必需的素養。近年美國史學界興起大眾史學的風潮，臺灣亦同受浸染。大眾史學原來是鼓勵學院內的史學家走出象牙塔，以通俗的方式書寫公眾與常民的歷史，但亦有鼓勵常民寫自己的歷史或特殊專業的歷史，也就是人人都是史學家。本書的錢幣史，庶幾如此。

這本書用通俗的筆法，提供了豐富的錢幣知識與資訊，還有一個最吸引人的特色，就是搭配了插畫與圖解。禮文曾在美國費城藝術大學深造，有與生俱來的美感，與歷史敘事的配合，創造了閱讀的趣味，既滿足現代人視覺優先於文字的感知模式，也符合影像史學以圖像敘事的風尚。所以，我很願意推薦這本書，也很期待隋唐五代篇之後，還有更多續篇出現。

銅錢不只是銅臭，自有歷史的味道

邱建一 藝術史學者 推薦
2023/05/12

「錢之為體，有乾坤之象，外圓內方，為世神寶，親之如兄，字曰孔方，失之貧弱，得之富昌。」以上這段文字出自西晉魯褒〈錢神論〉，傳說這位博學多聞的大儒，以貧素自立，眼見世人貪而無義，最終選擇隱逸山林不知所蹤。《晉書・隱逸傳》這樣描述魯褒：「元康之後，綱紀大壞。褒傷時之貪鄙，乃隱姓名，而著〈錢神論〉以刺之。」魯褒反對的不是金錢本身，而是反對追逐金錢所帶來的墮落與貪婪，即便有這樣的感慨，隨著時代的巨輪往前滾動，魯褒發出的哀嘆也不過是書生之見而已，貨幣經濟依然蓬勃，從未被歷史淘汰。

自從商周以海貝為交易媒介以來，隨著金屬貨幣的誕生，銅幣、銀錠到紙鈔。從實幣到虛幣，從銀本位到廢兩改元，金錢以各種型態層出不窮地出現在各朝歷代，因此也呈現各種型態的外觀樣貌。西元 1970 年西安市何家村的一處工地，出土了唐代窖藏文物，這批文物是唐長安城貴族世家的窖藏。這批文物絢爛且輝煌，到今天都被認為是典型的唐代金銀器代表。何家村窖藏同時出土了 466 枚各式錢幣，除了極為罕見的純金開元通寶之外，還有來自唐絲路西域諸國的錢幣，以及歷代古錢。除了唐代的貨幣之外，基本上就是 1 個種類各 1 枚，因此這已經不是單純地蓄積財富了，而是錢幣收藏。因此，這批唐代窖藏錢幣，可以說是錢幣收藏史的第一位藏家。

從西晉魯褒的孔方兄，到唐代何家村的古錢幣收藏。金錢貨幣除了它本身所代表的購買力之外，也逐漸發展為文玩收藏的對象了。歷代的貨幣不盡相同，它承載了許多歷史意義及文化意涵。了解歷史的發展可以很正式，也可以很輕鬆，三代典儀到國家政事是一條嚴肅的途徑，但也能輕鬆地透過小小一枚銅錢，從錢眼裡看歷史經濟的發展。銅錢不是只有銅臭味而已，它自有另一番歷史的味道！錢幣學的研究至今不算多，也還不是歷史學研究的顯學，而且多艱澀難懂，不適合初學者入門閱讀。郭禮文先生的這本書，深入淺出地把隋唐五代的各種錢幣，以及錢幣的鑄造工藝與發展梳理得淺顯易懂，再配上生動插圖，讓讀者更能了解錢幣所承載的歷史價值，這是非常有意義的，也堪稱非常完善。

善誦而善述。著書立論者所為何事？也不過就如同本書，就如此而已！

以史鑑物，由物證史 - 本書導讀

郭詩毅 教授

從貨幣看歷史看經濟

由中華文化看歷史貨幣的發展，其文化、歷史與經濟貨幣發展的軌跡是一致的。中華文化歷史悠久，經道統相遞與朝代相繼，都有歷史軌跡可以追循，貨幣具體反映在於歷史文化上，是最可靠的見證物；歷代貨幣常見記載於前代錢譜資料或記載於正史之中，另有野史或是口述資料等，這些紀錄在去蕪存菁交叉印證之後，多有可用的參考部分，可見得由古代貨幣來治學中華歷史、文化及經濟，有很高的價值。

以貨幣流通的背景資料，配合歷史事件，兩相驗證互相比較，可以更確立歷史發展的軌跡，如文化的擴散、內聚或轉變，亦可以由貨幣實物中得到更多的驗證與支持。所以研習歷史由貨幣入手，寓史於物，以貨幣觀察歷史，則能有更多的學習趣味，這也是一種印象法，經由貨幣物件印象來增進自己學習的動機，長久累積下來，不只對歷史的瞭解可以更深入，對歷代貨幣的認識也會更廣泛，收到怡情養性兼儲財之效。

記得初入門偶收集一枚唐代開元通寶，當時即著迷於唐代國力鼎盛，「開元通寶」四字由當代書法家歐陽詢所題寫，隸書中帶有篆意，字體古意盎然，樸拙的稚雅中帶有盛唐氣勢，是文字書法藝術與當時工藝的結合，錢文每一筆畫的收、發、點、放，雖侷限在錢幣周廓之內的方寸間，但迴盪出來的氣勢，又是變化萬千。開元通寶在當時每枚僅台幣數十元至百元間的價格，玩賞盛唐治世，就在錢幣之上，躍然握於手中令人感動，這也是一件入手價格親民且不得了的藝術品；斑斕的銹色，訴說著他的年紀與歷經的滄桑，而錢文的一筆一畫則又蘊含了文化的精髓，每一撇、捺、點、鉤、磔，都把我的心送到了長安繁華的大市集與華麗的唐代宮廷之中，這真是一枚可以讓人感動到流淚的平民收藏品。

中華文化歷史悠久，學習歷史配合貨幣的故事，是我學習的經驗談。在考古研究上，也將伴隨出土的錢幣視為考古文物或墓窖藏等的重要斷代參考依據，足見錢幣之於治史及文物考據上，有極高的參考價值。舉凡時代背景、歷史更迭、經濟變化及天災人禍大小事，都能與貨幣有所關連，趣味無窮，貨幣背後的歷史文化意涵，著實讓我著迷。

我以為本書具有以下優點，並推薦給喜好中華歷史及中華文化的大家：

(1) 錢文書法臨摹、觀察及繪圖，圖文並茂，插畫方式的表現輕鬆並富有趣味。歷史事件與貨幣變化的關係整理，引人入勝，有獨到之處。

(2) 以貨幣更迭變化，觀察商業經濟活動及社會的演變，試著由貨幣歷史的角度來說明。

(3) 整理近代新增許多隋、唐至五代十國的歷史、經濟及文化上的相關研究資料及考證，融入內文，豐富撰寫內容。

(4) 貨幣是直接反映歷史的最可靠物証，歷代貨幣見於記載，或前代錢幣書籍錢譜等資料者，都有正史、私家筆記、書信或口述紀錄等可以考據；本書文獻的引用說明及考據頗為嚴謹。

目錄

五代

十國中鑄幣的列強

劉備與直百五銖

序言

從史前時代開始，人類社會便出現了交易，交易背後往往象徵著文明發展到一定程度後出現了社會分工，採取以物易物的形式，但隨著交易愈趨複雜，以物易物逐漸無法滿足巨大的交易量與衡量各項物品的確切價值，貨幣因此在這環境下誕生。一開始的貨幣是天然的貝殼貨幣，形狀從最初的貝殼狀、刀狀、等各種奇形，發展到圓形後，造型逐漸穩定了下來，最主要的原因是秦始皇的貨幣統一，開創了圓形方孔錢，當時春秋各國使用各自形狀的貨幣得以被統一，除了方便於民間的貿易活動，同時助於國家對於經濟的控制。貨幣與我們生活最貼近，更是各朝代所留下的貨幣也是最好的歷史見證。在經歷戰亂及繁榮，貨幣鑄幣的容貌和材質皆有所不同，能夠從貨幣推斷出當時的社會狀況民生、經濟活動等而非單一依賴歷史的記載，更能證明歷史的有趣之處在於多維度的探討。

相較於西方國家，東方的銅錢貨幣發展獨特，絕無僅有，深受國內外貨幣愛好者喜愛，也希望藉由此書拋磚引玉，讓更多人從古錢的視角來看歷史，同時也能喜歡上古錢，並進而發現古錢的歷史可以這麼有趣，讓歷史不再是看不著、摸不著，只能憑空想像的東西，而是讓一枚枚銅錢成為歷史的見證者。

本書重點會著墨在隋唐五代時期貨幣間的變化，以及新貨幣出現的故事。為何選中隋唐五代作為此書的介紹內容呢？因為唐朝的開元通寶有著貨幣史上非常重要的歷史意義，同時也有較多的史料記載能夠做比對，每一次新貨幣的出現，也代表著在當時的時代背景下同時發生著一件大事，然而中國歷史五千年，實在難以用一本書就闡述清楚，因而斷代來撰寫，也為了充分展現貨幣的故事性，那我們就由隋唐五代的貨幣開始吧！

南北朝時期的一把小買賣

現今社會的我們使用的是紙鈔，不論買任何東西都是使用相同的貨幣，較少機會在結帳時使用外國紙鈔，看似合理的日常，在中國的古代卻不是這麼一回事。自古以來所使用的銅錢，在遠離中原的偏遠地區或戰亂的地區，貨幣時常是夾雜而用，不論任何朝代皆是如此。

在魏晉南北朝時的南朝蕭衍當上皇帝之初，就有記載京城及某些城市是強制用當時貨幣，然而這些區域之外則是使用以物易物及私自以古錢做交易，這些古錢多半是前朝的貨幣夾雜不等，難以被禁止，意外地造成有趣的現象，假如在城鎮外小買賣，將收穫的作物賣掉換錢，結果兌換一把的古錢，這些古錢難以拿到京城及某些重要城市做消費，於是會把手上的古錢再花掉換成貨物，這些夾雜而用的前朝貨幣計價混亂，如今史料難以佐證其實際對價狀況。

《食貨九》：梁初，唯京師及三吳、荊、郢、江、湘、梁、益用錢。其餘州郡，則雜以穀帛交易。……百姓或私以古錢交易，有直百五銖、五銖、女錢、太平百錢、定平一百、五銖雉錢、五銖對文等號。輕重不一。天子頻下詔書，非新鑄二種之錢，並不許用。

面對市場上混亂的貨幣，大家也會好奇，那回歸以物易物不是很好嗎？為何一定要發展出貨幣？事實上以物易物也有許多限制。在以前的社會裡，交易行為並沒有當今這麼頻繁，而且在實物經濟（以物易物）的前提下，假如我家盛產牛奶，想用多餘的牛奶去換雞蛋，但是有多餘雞蛋的農家並不缺牛奶反而缺米糧，在經濟學詮釋稱作雙重慾望巧合，為了成功換到雞蛋，我必須拿牛奶去跟別人換米糧再換雞蛋。自然而然的在實物經濟社會裡，米糧或布帛這種民生必需品，大家都會需要，成為一種對價工具，讓大家用以衡量其他物資的價值。

賣了一些布

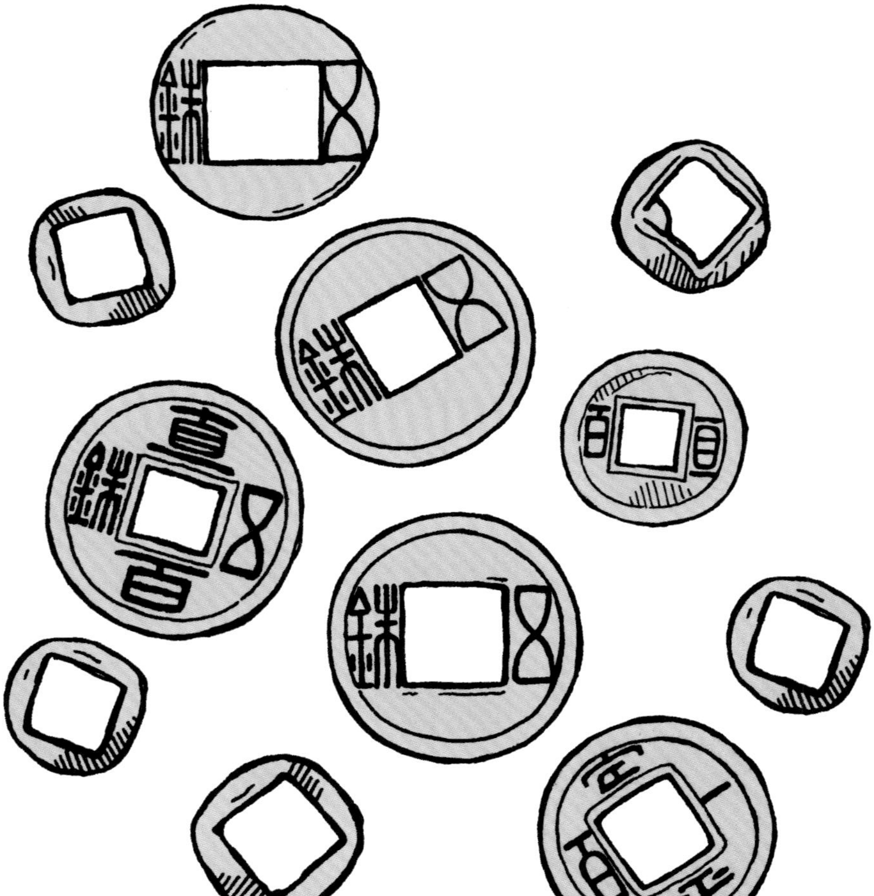

收到一把各式各樣的銅錢

時間軸 & 各貨幣通覽

在我們開始介紹隋唐時期貨幣以前，先來快速了解中國貨幣的演變，下面這個表格是按時間先後概略描述幾個大種類的貨幣，在每個貨幣的發展過程中，不同朝代也會進行改版或衍生出其他樣式的貨幣，本書會詳細介紹隋唐五代時期的貨幣發展脈絡。

天然貝幣 - 夏商周

這一時期主要的交易仰賴以物易物，並使用現有的貝殼做加工製成貨幣流通，隨著某些區域天然貝殼的不足，以及政權的出現，因而開始模擬貝殼，製作出陶貝、骨貝以及銅貝，這也是華夏文化最初的人造貨幣。

齊刀、蟻鼻錢、圜錢、魯貝、布幣等⋯⋯ - 春秋戰國

隨著各政權開始建立，有更完善的系統來鑄造錢幣，因而發展出多元樣貌的貨幣樣式，有些政權保有原先貝殼形狀而鑄成青銅貝，有些政權則是依照漁獵農具等外觀去轉化成貨幣。

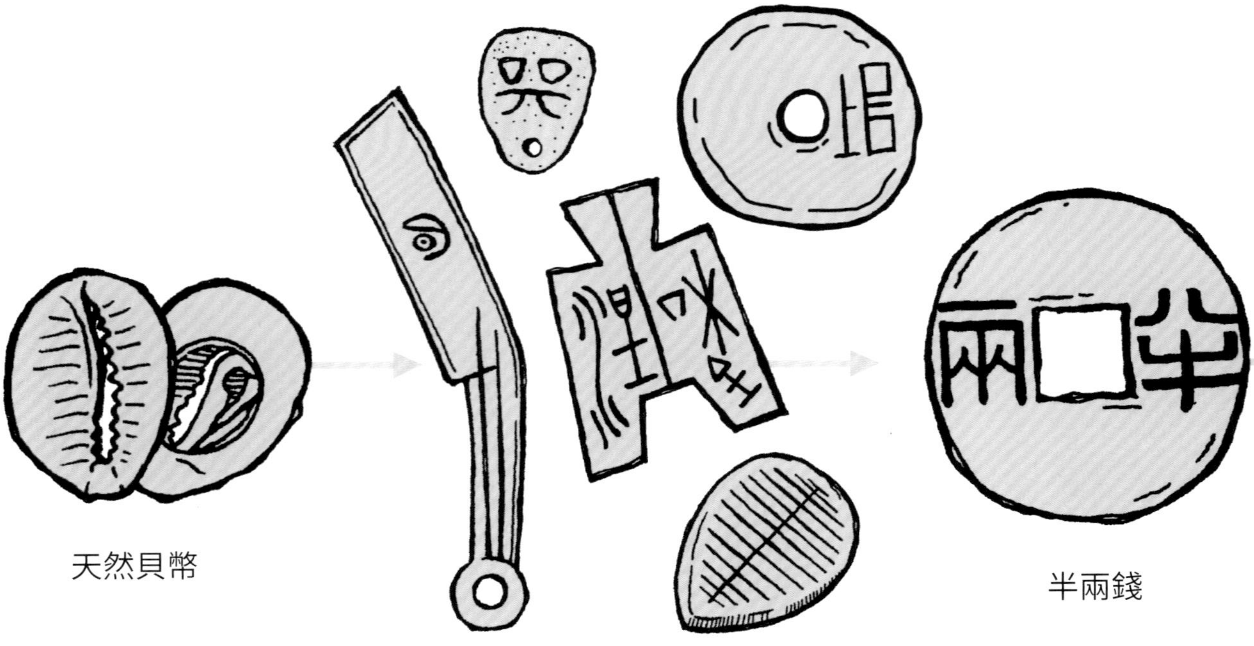

天然貝幣

半兩錢

齊刀、蟻鼻錢、圜錢、魯貝、布幣等⋯⋯

半兩錢 - 秦至漢初

秦始皇一統天下後，在度量衡以及貨幣改革上有極大的貢獻，半兩也成為第一枚規範貨幣，錢的名稱是依照重量命名，因當時技術有限，錢幣重量差距極大。

五銖錢 - 兩漢直至隋末

漢武帝開鑄五銖以前，曾改良半兩發行四銖半兩，造型更方正工整，字體更端莊。後來發行五銖也成為流通最久的貨幣，後續的政權為表示漢室正統，皆鑄造以五銖為名的貨幣直到開元打破這局面。

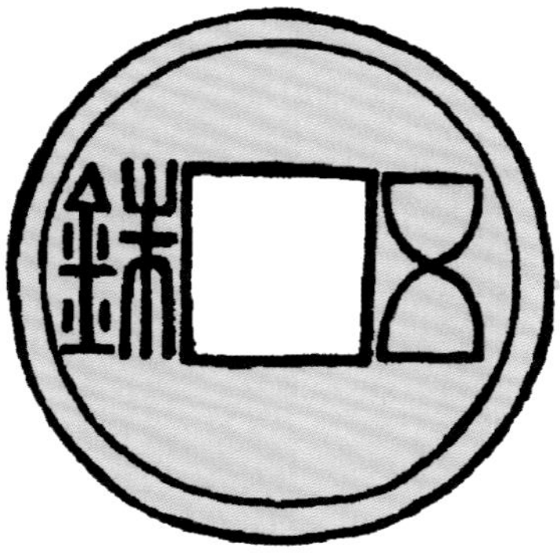

五銖錢

開元通寶

貝幣通覽

貝幣是古代最原始的貨幣之一，通常有完整的貝殼形狀或經過加工製成特定形狀。貝幣同時也是一種裝飾品因為其樣態漂亮獨特，起初是作為交換的商品，就像是以物易物的米糧，後來貝幣究竟作為商品和貨幣的區別一直是個爭論的話題。

除了天然貝幣之外，古人利用各種材料製成貝殼的形狀，像是玉貝、骨貝、石貝和陶貝等，這些貝幣的計價單位也很特殊，是使用「朋」為單位，並將貝殼串於繩上方便攜帶。一聽到貝幣不外乎會覺得是非常古老的貨幣，事實上宋代到明代的雲南仍有聚落使用貝幣，這樣出土發現也顛覆了大家對原始貨幣的想像。

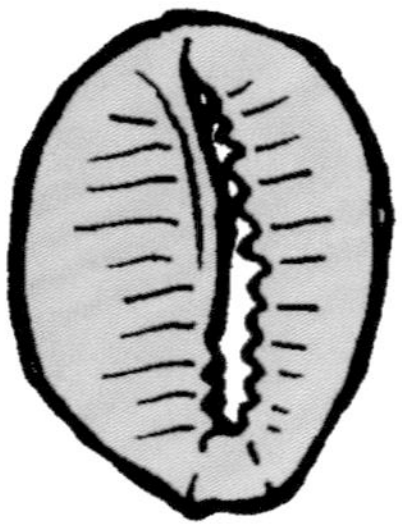

天然貝幣

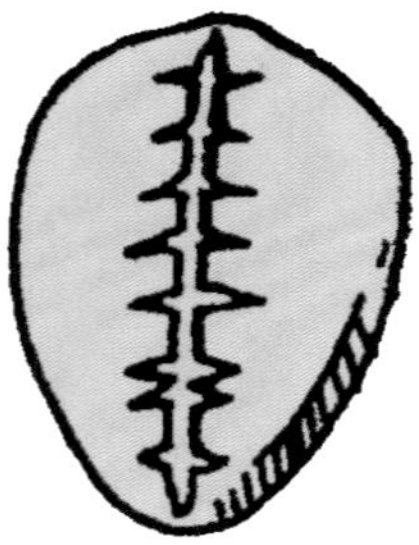

玉貝

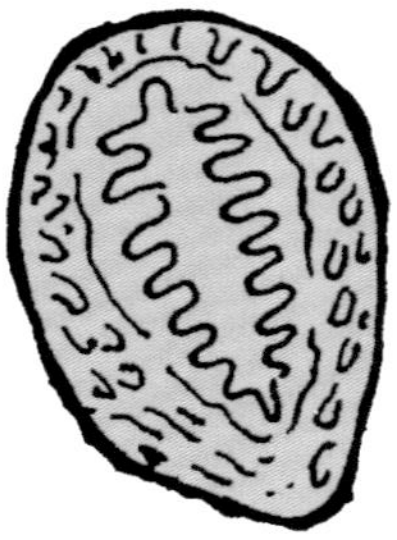

陶貝

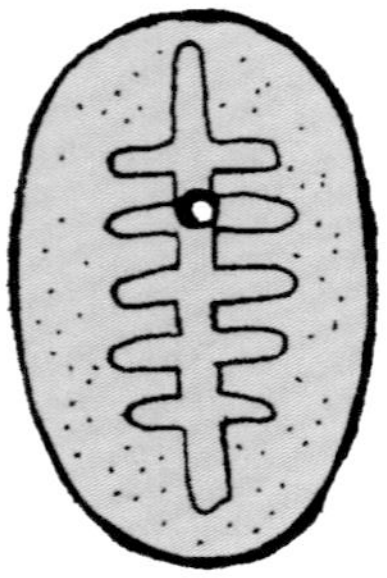

石貝

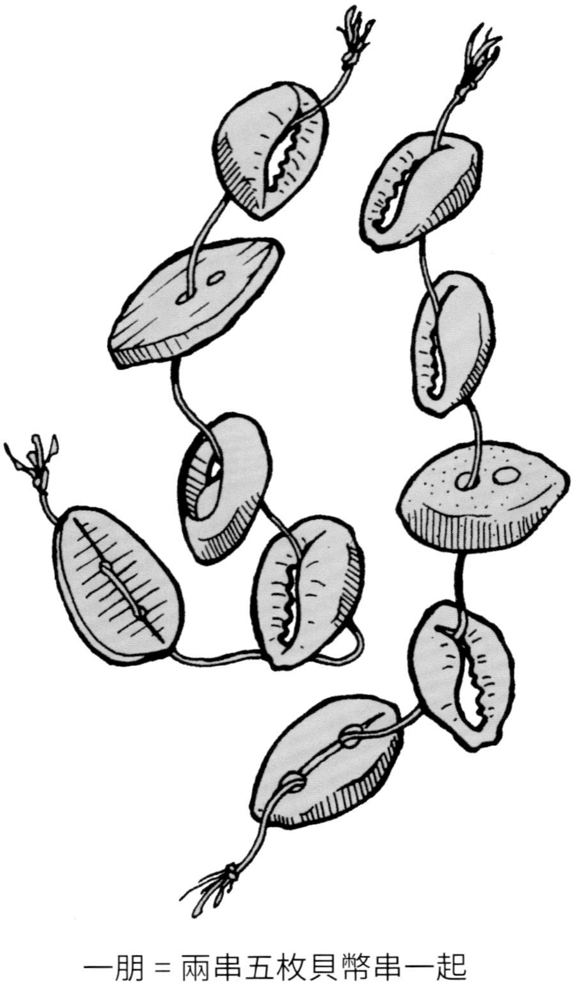

一朋 = 兩串五枚貝幣串一起

春秋戰國貨幣通覽

夏商周三代至周朝時，曾因外族入侵而將首都遷往東邊，史稱「東周」，東周時期周天子的威望不足以控制諸侯們，群雄紛爭，齊晉秦楚宋五國先後崛起，春秋霸政形成，史稱「春秋五霸」。而在春秋五霸後，禮樂制度崩壞各國相繼稱王，從春秋時期進入戰國時代，這一時期各國從政治、經濟、文化、科技大規模變革，得以發展自身的貨幣，各國間對於貨幣應有的樣態沒有一個規範和習慣，有些貨幣樣態是由農具演變而來，有些則是漁獵刀具形狀或保留原有的貝幣形狀，直到秦始皇統一天下，貨幣也進行改革及統一。

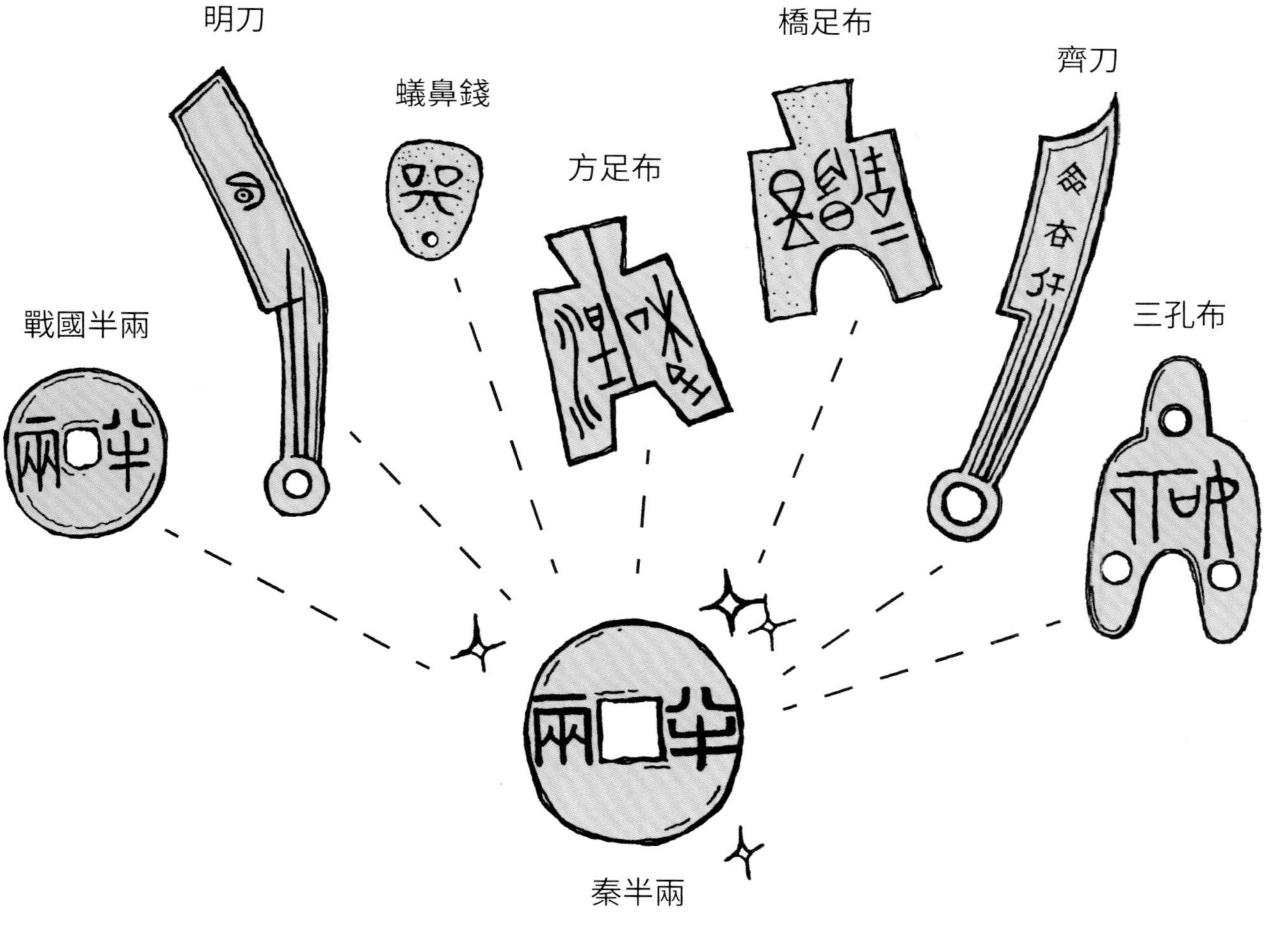

錢幣寫真 P.161 頁，A07

半兩通覽

戰國時期的秦國有鑄造圜錢，是戰國半兩的前身，當時各國流通不同樣式的錢幣（刀幣、布幣、貝幣等），秦國也在這樣的環境下發展出戰國半兩，統一後依照戰國半兩的樣式加以改良，發行秦半兩流通全國，後來的漢朝初期也承襲秦朝幣制，直到漢武帝貨幣改革推行五銖。

半兩錢奠定了錢幣必須是圓形方孔，後來朝代的貨幣也是基於這種形狀作改良，半兩錢的價值是來自銅重，交易都是拿半兩來秤重對價買賣，在不同時期的半兩重量也有所差異。

戰國至秦

戰國圜錢

戰國半兩（大篆體）

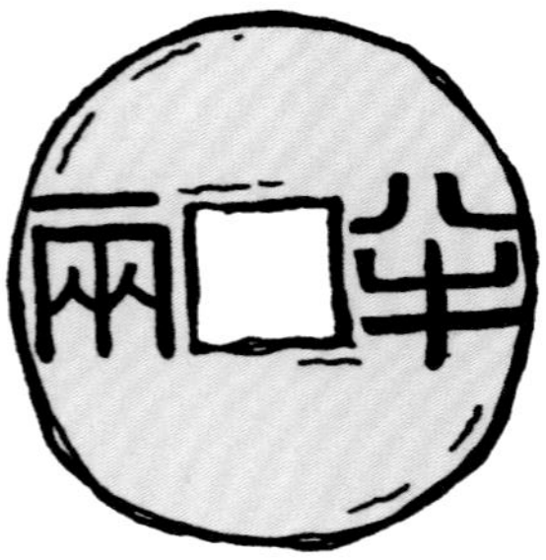

秦半兩（小篆體）

漢代

榆莢半兩

四銖半兩

五銖通覽

漢武帝元狩五年（前 118 年），五銖開鑄。它繼承了半兩的形制，改革推行五銖。五銖的得名源於其重量標準為五銖，一銖 =0.673 克，五銖 = 約 3.5 克，二十四銖等於舊制一兩。西漢至隋都有鑄造五銖，重量形制大小不一，唐朝武德四年（西元 621 年）五銖廢止，但舊五銖仍然在民間流通。五銖是中國歷史上數量最多、流通時間最久的錢幣，東漢滅亡後，各政權者為證明是漢家正統，紛紛鑄造五銖，像是三國時期的劉備為漢室後代，就有鑄造直百五銖流通全國，魏國政權曹丕稱帝，後來鑄造曹魏五銖，由此可見五銖的影響力不一般。

從魏晉南北朝至隋朝，除了少數政權外，大部分政權都基於五銖的形制去改良貨幣。到了隋朝，在鑄造工藝的進步下，不但沒有拋棄五銖樣式還加以改良鑄造出更精良的置樣五銖，置樣五銖的工法也成了本書重點開元通寶發展的重要墊腳石。

西漢五銖

直百五銖

曹魏五銖

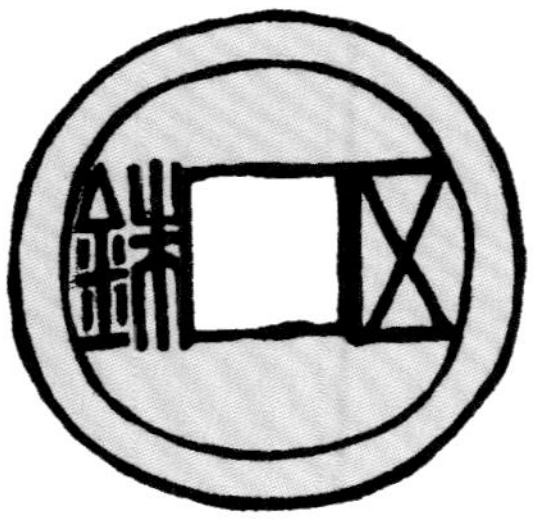

置樣五銖

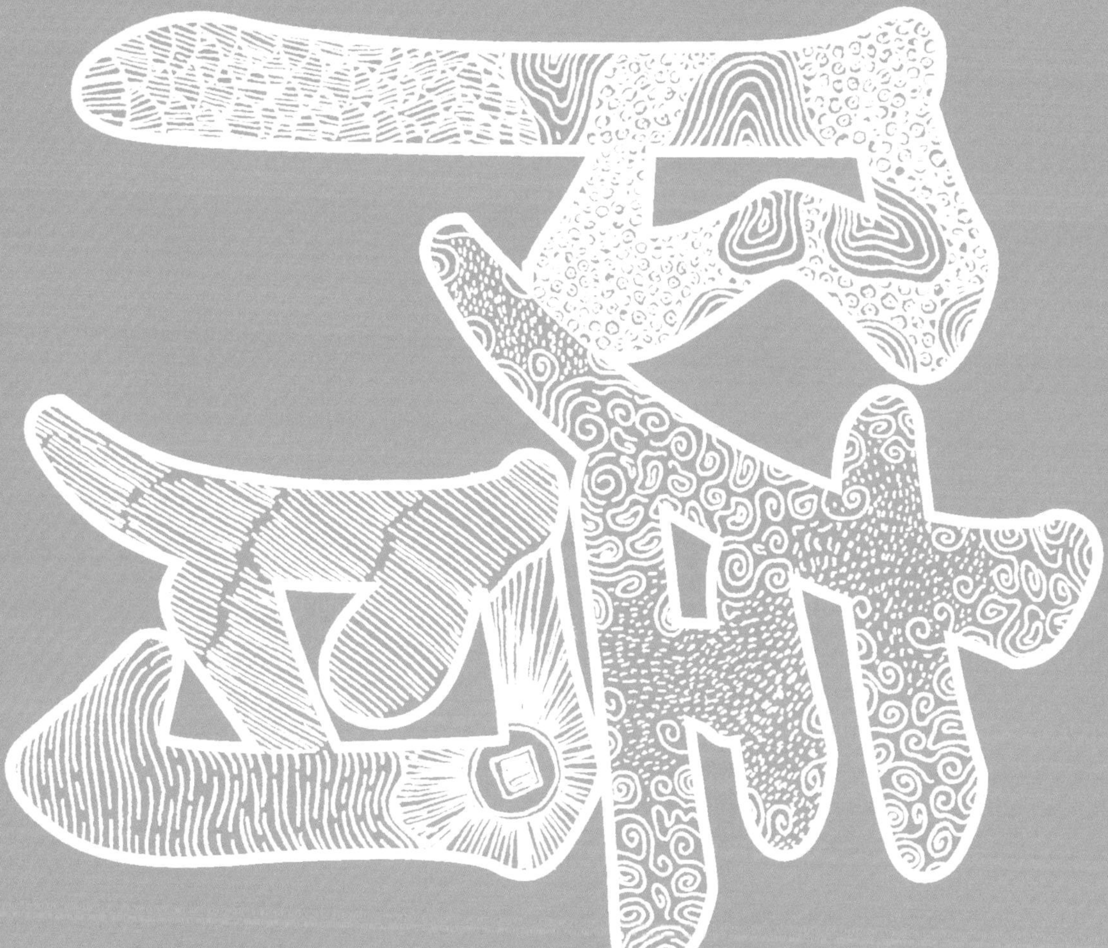

天下的標準 -「置樣」五銖

隋文帝 楊堅

說到古代銅錢許多人都聽過五銖，然而「置樣」[1]是一個新的專有名詞，置樣改變中國錢幣的歷史，成為錢幣生產的里程碑，「置樣」即是由國家中央來制定鑄造標準，讓全國遵守這個規範來鑄造貨幣。[2]除了向全國人民展示隋王朝是漢家天下的正統繼承者外，也將五銖錢推向新的巔峰。

1.《隋書》:「高祖既受周禪，以天下錢貨輕重不等，乃更鑄新錢。……各付百錢為樣。從關外來，勘樣相似，然後得過。樣不同者，即壞以為銅，入官（沒收）。」
2.《隋書》：「（大業）十年，詔晉王廣，……乃下惡錢之禁。京師及諸州邸肆之上，皆令立榜，置樣為准。不中樣者，不入於市。」

獨孤家族是鮮卑化的匈奴人，原是北魏邊疆防守的重要將領，到了獨孤信時，將其所生的三個女兒分別嫁給宇文氏、楊氏、李氏，三者都是當時非常強大的家族，後來甚至先後成立北周、隋、唐政權，獨孤信也因此成了三任皇帝的岳父。

在獨孤信晚年見到楊忠的兒子楊堅時，覺得他一表人才，便決定將小女兒獨孤伽羅許配給楊堅。當時，楊堅才 17 歲，獨孤伽羅更只有 14 歲。楊堅長大後將自己的女兒嫁給當時的北周皇帝宇文氏，這一聯姻使得楊堅在朝堂上更有影響力，官運極好升遷不斷。但後來皇帝突然駕崩，後繼者殺辱朝廷眾臣和攪亂朝綱，搞得朝廷人心惶惶，在這混亂的時期，楊堅發現機會迅速在百日內篡位成功，成為中國史上最快就任的皇帝，並改國號為大隋。

隋初因歷經南北朝長期的戰亂，民生疲弊困苦，故楊堅接納大司馬蘇威的建議，取消朝廷鹽、酒專賣，其後多次減稅，減輕人民負擔，促進國家農業生產，穩定經濟發展，與民休息。隋朝前期的人口增長從開皇元年（581）全國戶口 462 萬戶，到隋煬帝大業五年（609）達到 800 多萬戶，人口達到 4 千多萬人，已將中國人口數推向新的顛峰。[3]

隋文帝楊堅有鑒於先前幣制的混亂，魏晉南北朝各自鑄幣，市場上充滿雜亂不一的貨幣，於是隋文帝禁用其他朝代錢和雜錢，全國統一使用新錢——置樣五銖，新錢所流通之地經濟無不蓬勃發展。置樣五銖對於中國錢幣史來說無比的重要，它的影響力不在於五銖本身，更在於它影響了後世所鑄的開元通寶等錢幣。

3. 錢穆《國史大綱》第 22 章全。

王朝建立之初，貨幣統一之始

隋五銖錢（置樣五銖）與後世的開元通寶錢，均鑄於隋唐王朝建立之初，置樣五銖是隋五銖的其中一個版別，鑄型時的中國並未完成徹底的統一，仍有許多政權在各地割據一方，因此此時的貨幣發行目的是政權形象的展現，例如：隋王朝的隋五銖錢特別帶有政治宣傳的意味，告訴大家我才是中原王朝漢室正統接班人。所以在王朝建立之初，統治者會對於錢幣的開鑄特別重視，在其工藝與技術，甚至是鑄造所花費的成本都會遠超前朝，這樣的策略不僅僅是政治宣傳，其實還有更實際的考慮。

「置樣」為準，天下奉行

隋王朝開啟統治之初，有鑒於魏晉時期的私鑄五銖風氣十分嚴重，因此通過「置樣」來打擊私鑄，而私鑄可以簡單的理解為民間或地方官府私自鑄錢。先前各王朝皆通過發行大錢或精良的錢幣，如：常平五銖、五行大布、永通萬國錢等來防治私鑄問題，一定程度上有起到一點效果，但都因鑄行量不足，或王朝沒有真正的統一貨幣流通和發行，皆宣告失敗。跟其他朝代相比，隋王朝的置樣五銖是非常有前瞻性的，將中國貨幣史的進程往前邁向一大步，其後隋王朝滅亡，唐亦承襲其「置樣」防止私鑄錢，史載武則天時期，甚至將置樣錢放置於市場，供民眾依照此樣品做參考，長相與樣品不同的錢不宜使用，[4] 類似現今台灣銀行會放置的樣鈔、樣幣都是根據於此。

4.《舊唐書》：「則天長安中，又令懸樣於市，令百姓依樣用錢。」

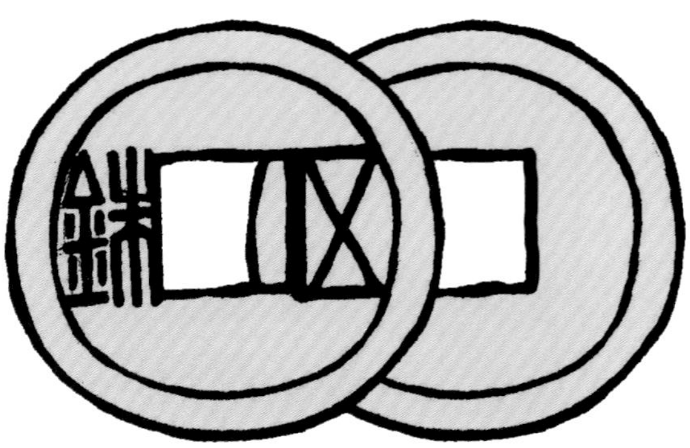

置樣五銖

直徑 : 25 mm
重量 : 3.5 g

錢幣寫真 P.162 頁，A12

戰亂時的精美錢幣

孝建四銖
（南朝宋）

永通萬國
（北周，一枚當五萬枚）

五行大布
（北周，一枚當十枚）

常平五銖
（北齊）

錢幣寫真 P.162 頁，A09

在亂世時期「因為私鑄者沒有良好的鑄造技術，官方藉由精美錢幣，藉著超群工藝進行防偽，用公權力強制與民間交換。」像是永通萬國錢，當時以一枚大錢換小錢五萬枚，堪稱虛值大錢之冠，這兌換的五萬枚小錢之中，就夾雜各種品質的官方錢或私鑄錢，不論怎麼換，最划算的得利者都是朝廷。於是民不樂用，流通時間並不長。

古代錢幣防偽（鉛錫蠟技術）

隋王朝在鑄錢上非常奇特怪異，過去鑄錢的材料都是銅料為主，但隋朝不這麼做，反而加入廉價的錫鉛合金，使貨幣在色澤上偏白偏青，我們俗稱「白銅錢」的現象，這樣的現象一開始會讓人懷疑是否朝廷要節省銅料的手法，其實這一定程度上是隋王朝要對「置樣」五銖進行防偽的加工，通過高錫金屬的加入，能使錢幣中的銅料更加穩定並使錢幣重量加重，此外高錫鉛金屬能讓鑄幣成本下降，因為銅比錫鉛還要昂貴許多，這技術既能提高錢幣工藝水平，加入錫蠟讓錢幣硬度也提升，更加耐磨。[5]

回到鉛錫蠟技術，學者吳來明曾說隋唐以後透過高鉛青銅、錫青銅兩種來控制成本，透過外觀即可觀察兩者的差異，其中工藝水平也有所區別，高錫的加入，偏青而穩重，高鉛則是偏白而易碎，即可從外觀紋理得知，[6] 也正因為如此，高鉛的錢幣因品質較差而失去防偽的功用，甚至影響到貨幣信用。

然而鉛錫蠟加鑄還有一個功能性，就是杜絕魏晉時期以來的陋習，錢幣的穿鑿偷銅，因為當時銅料是有價值的，投機的人會用盡各種方式在精良的銅錢上又削又磨來偷取銅料，將偷取的銅料拿來賣或私自鑄錢，而被削磨鑽孔的錢會被拿到市場花掉，於是市場上爛錢會越來越多。

正因為錢幣加入鉛錫等製成合金，再加上當時精煉與萃取的技術並不純熟，這些偷銅料的人可以偷取合金碎料，卻無法精確的萃取出純銅，增加了偷銅的門檻，較能防堵錢幣被破壞。

5. 楊心珉，《錢貨可議——唐代貨幣史鉤沉》（北京：商務印書館，2018），頁 121-125。
6. 吳來明，〈六齊、商周青銅器化學成分及其演變研究〉，《文物》，1986 年第 11 期。

這樣的鑄造工藝也能為政府調節財政，錢幣中錫含量較高，會鑄造出高品質的錢幣，但當國家經濟困頓急需用錢，朝廷則會改變鑄幣配方比例，加入更多便宜的鉛，減省其他金屬的用量，藉由此法來調控成本。

現在我們所使用的鈔票，在印刷成本上是非常低廉，所以能夠大量印刷快速傳播，不僅如此，鈔票的價值是來自法定，政權規定就是有這樣面值的價值，不管 1000 元還是 100 元都是用同樣的紙，所以大家不會在乎鈔票紙張的成本，只會在乎面額。但在古代，銅料本身就是有價金屬，朝廷必須善用各種手段來減少鑄錢成本，特別是在國力較差時局不穩定的時候，朝廷無法及時獲得來自地方的稅收，又有大批的軍隊要物資供給，這時中央只能想方設法降低鑄幣的成本。

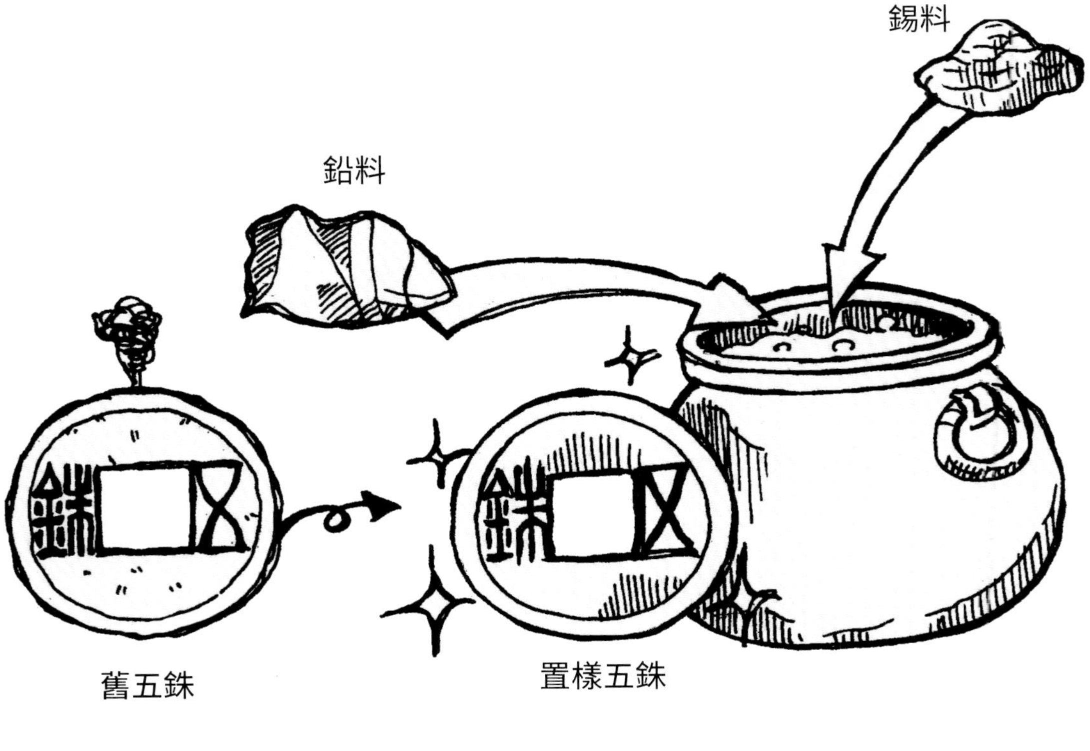

古代經濟學 - 鑄幣權

前面所介紹是置樣五銖，我們再來複習一下為何這五銖如此重要。在魏晉南北朝時期，各個地方豪強鑄造自己的五銖，造成貨幣樣式不統一的局面，置樣五銖的出現成為了鑄造的標準，並且隋文帝收回貨幣鑄造權，只有中央特許的藩王得以鑄造。

未整頓的秩序

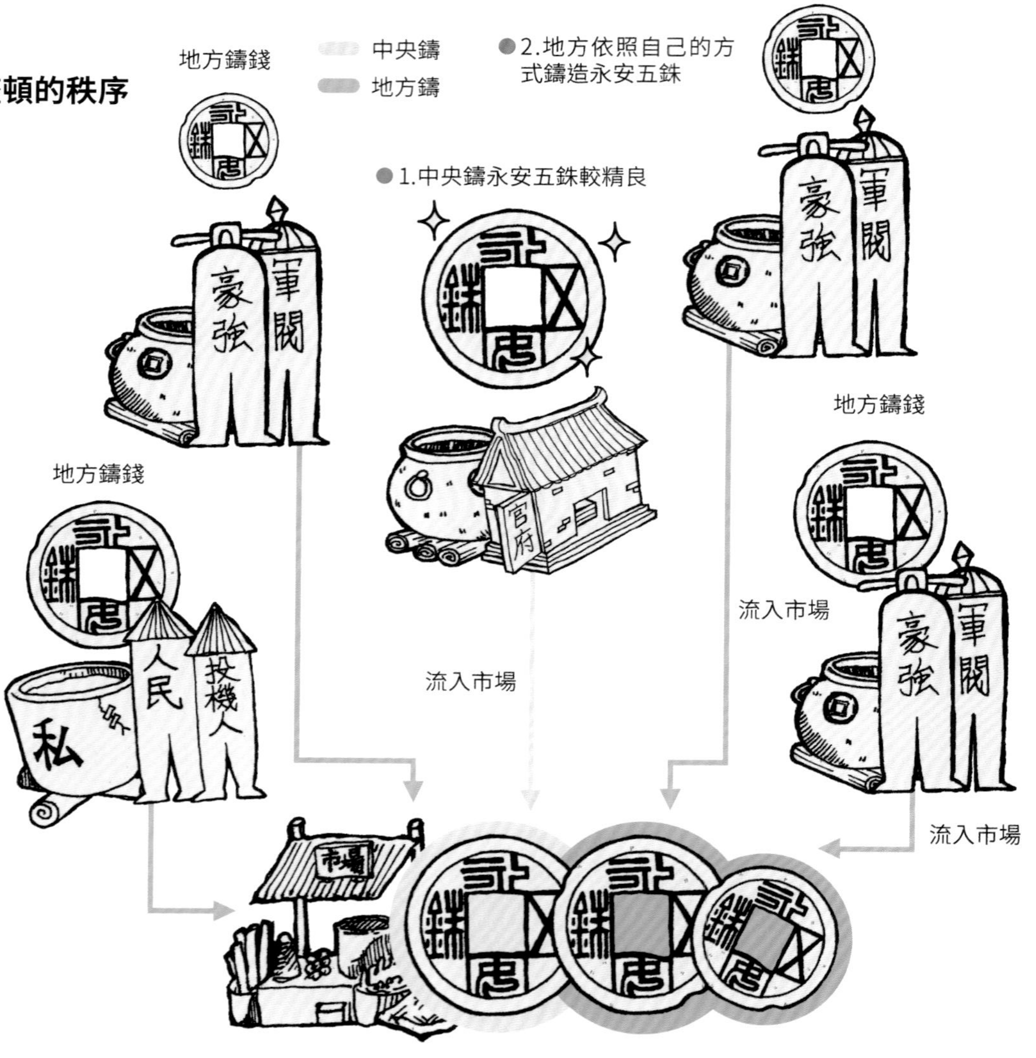

錢幣寫真 P.161 頁，A08

魏晉南北朝是亂世，政權更替頻繁，永安五銖盜鑄的錢流通於市場，錢幣厚薄大小不一，這些盜鑄者為地方豪強或是軍閥，為拓展勢力各霸一方。私鑄錢人民夾雜而用，不僅影響當權者稅收，當權者發行的貨幣信用也深受影響。

中央頒布鑄造規範

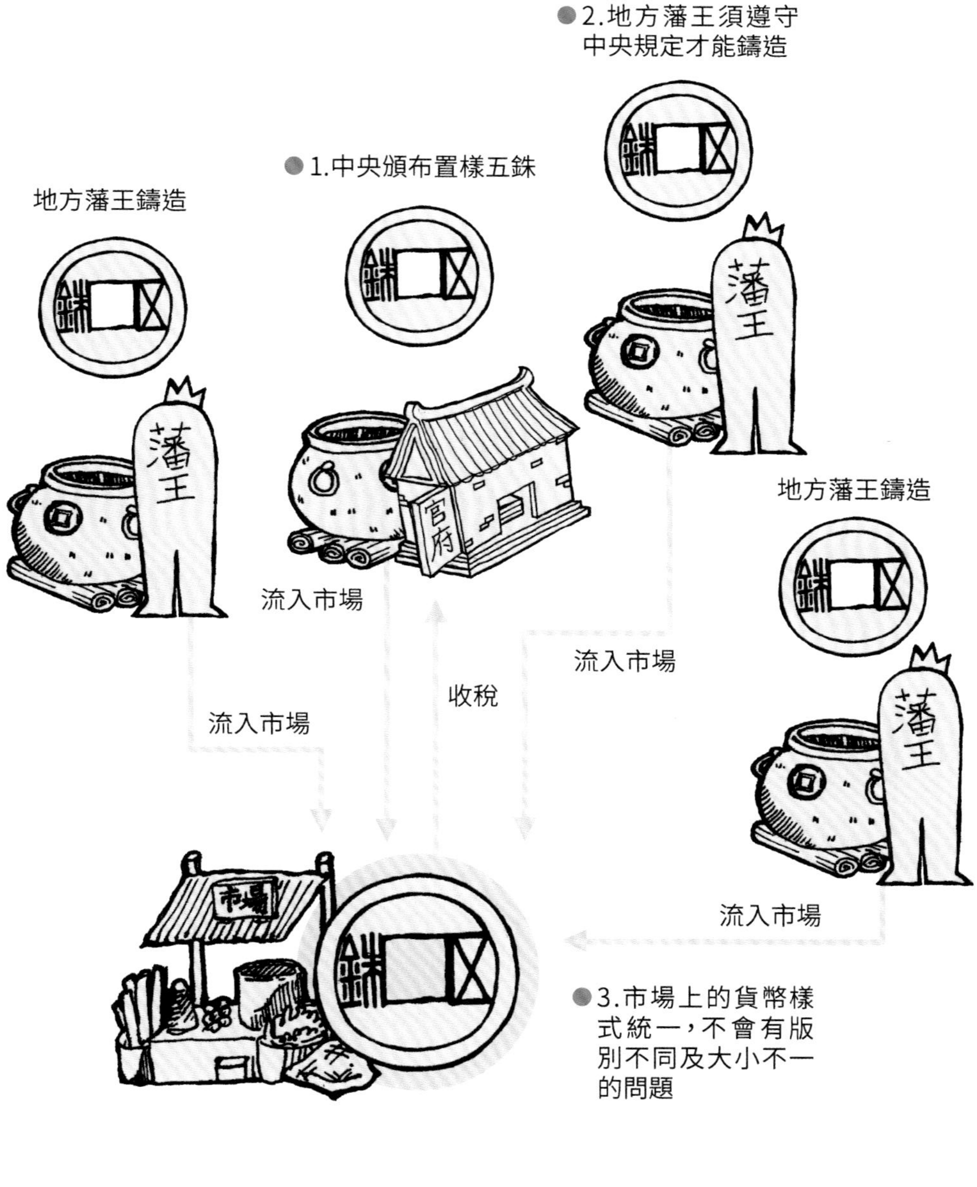
2.地方藩王須遵守中央規定才能鑄造
1.中央頒布置樣五銖
地方藩王鑄造
藩王
官府
藩王
地方藩王鑄造
藩王
流入市場
流入市場
收稅
流入市場
流入市場
市場
3.市場上的貨幣樣式統一，不會有版別不同及大小不一的問題

置樣五銖的建立，改善了亂世時期雜錢問題，提高朝廷中央的公信力，穩定藩王及中央稅收。然而在五銖世界裡有眾多版別，這些差異來自各官爐對於五銖該長如何？沒有精準的規範，直到置樣五銖的出現，各個官爐都必須遵照置樣五銖，鑄的一模一樣，不能有修改，於是至今，置樣五銖只有一種版別。

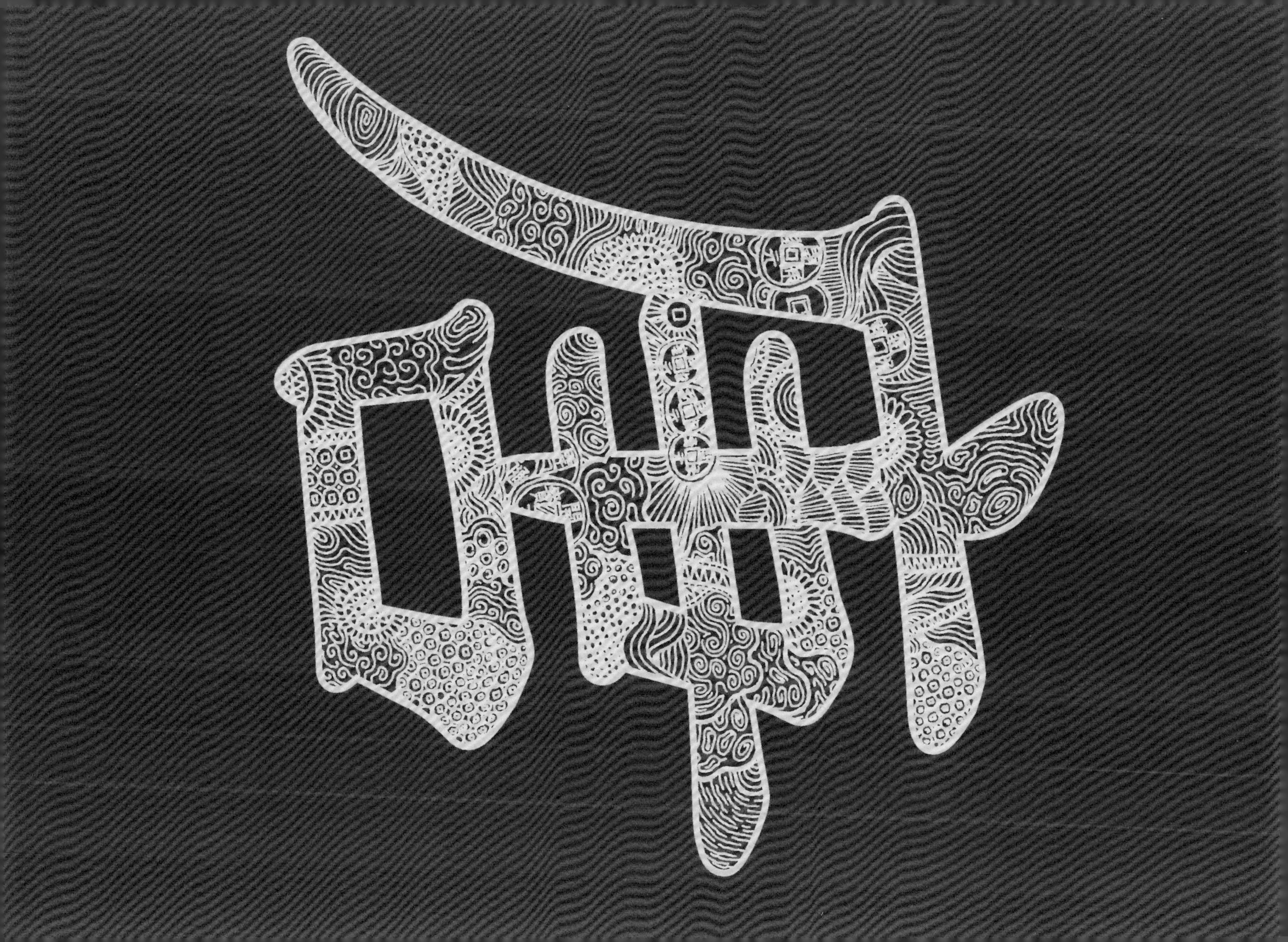

五銖終結 - 開元通寶

唐高祖 李淵

隋末行用五銖，雜用漢魏的舊錢及廢棄的銅錢。就連鐵葉（鐵片）、皮紙（動物毛皮）都可以作為臨時貨幣[7]在市場上隨處可見，可見在隋末天下大亂，經濟混亂不堪，這也是唐王朝急需發行新貨幣的重要原因之一。

7.《新唐書》：「隋末行五銖白錢，天下盜起，私鑄錢行。……鐵葉、皮紙皆以為錢。高祖入長安，民間行綫環錢，其製輕小……。」

隋代道士安伽佗一日向皇帝上書，得到預言「李氏當為天子」但當今皇帝可是楊氏，如此大逆不道的話，馬上激怒了隋煬帝，[8] 加上身旁小人進讒言，最終處死身邊許多李氏臣子，而身為關隴貴族的李淵，此時躲到太原作為一個留守（軍政長官）抵禦突厥的進犯，因此得以保全。

隨著皇帝好大喜功、大興土木與連年征戰，此時人民因為長年過量的勞動，不斷對外作戰與過量的繳納稅賦導致民不聊生，最後官逼民反，激起天下農民起義反抗。後來還發生楊玄感叛亂，此時貴族勢力也紛紛揭竿而起，激起各地起義軍紛紛響應，反對隋王朝的統治，甚至攻擊官府，殺當地長官與重要的官員，使得隋末天下大亂。[9]

時值太原留守的李淵，先前因為躲避災禍而自請邊疆，在得到許多太原地區豪強的支持，並觀察天下局勢後，在隋大業十三年（617）起兵。為了再次恢復隋王朝的疆域，掃除這些揭竿起義的叛亂，李淵打著隋大義的旗號向關中推進，他的軍隊歷經許多艱辛與困難，終於攻略關中進到大興城，趕走叛亂分子，擁立楊侑為隋朝新皇帝，遙稱遠在江都的隋煬帝楊廣為太上皇。

8.《隋書》：「有方士安伽陀，自言曉圖讖，謂帝曰：’當有李氏應為天子。’勸盡誅海內凡姓李者。」
9. 錢穆《國史大綱》第 22 章全。

身為權臣的李淵，透過一系列合法的操作（入朝不趨、贊拜不名、劍履上殿）登上唐王。並於隔年上演了謙讓的戲碼，隋恭帝多次禮讓皇帝寶座給唐王，李淵再多次的婉拒，最後勉為其難接受皇帝寶座，改國號為唐，年號為武德，歷史從此進入了新的里程碑。

然而在他登基之初，國內處於分裂，江南地區仍是割據狀態，經濟依然亂七八糟，掘墓層出不窮，並盜取以前貨幣使用，人民使用三國或漢代的錢幣於商業貿易，李淵察覺到此情況，急需重整市場秩序，[10] 並且昭告天下唐王朝是未來新的主人，以作為宣傳之用，所以在武德四年（621）開始鑄造開元通寶，[11] 用以兌換舊錢與控制物價，以錢文作為有價貨幣的新方法，跨世代的革新，讓歷史走入新篇章，改變過往以五銖、半兩（重量名稱）為主的時代，迎來法定貨幣時代。

10. 彭信威《中國貨幣史》（第四章 唐代的貨幣），頁 215。
11.《舊唐書 帝紀李淵》：「（武德四年七月）丁卯，大赦天下，廢五銖錢，行開元通寶錢。」

一貫開元通寶重 3.73 公斤
《史記集解》：「李斐曰，……以貫錢也。一貫千錢，出算二十也。」

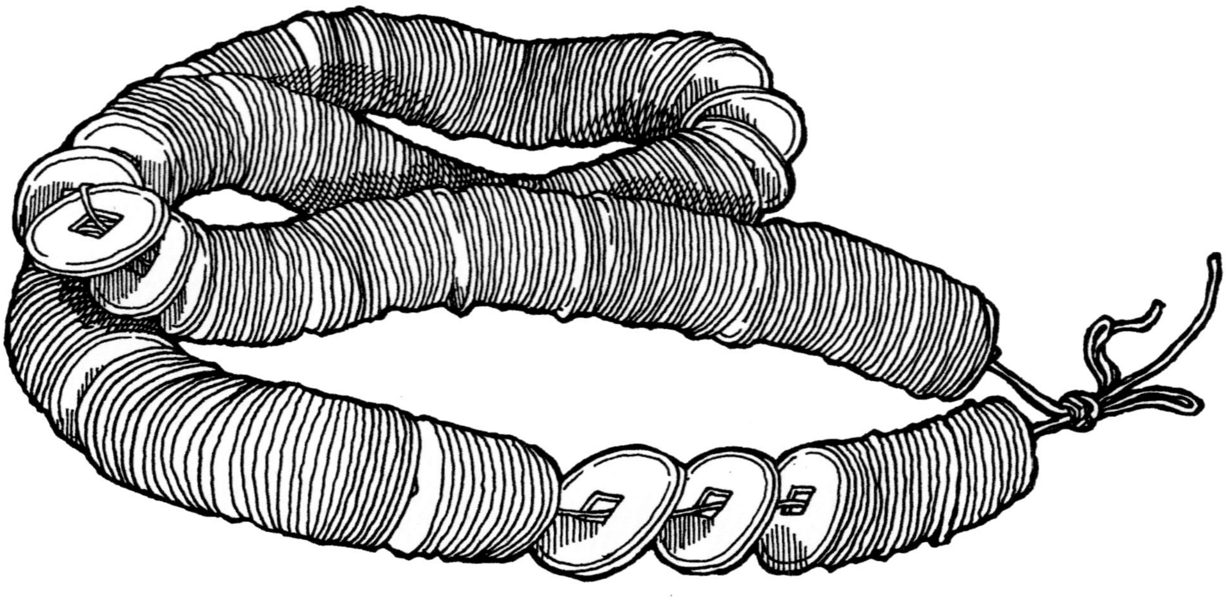

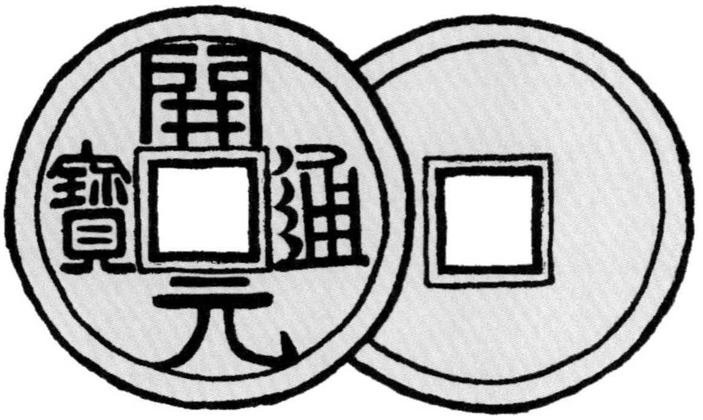

開元通寶

直徑 : 24 mm
重量 : 4.2 g
價值 : 一枚為一錢，十枚為一兩

錢幣寫真 P.160 頁，A01

劃時代的錢文設計

唐錢在中國錢幣歷史上有著巨大的變革，錢文上皆稱為「ＸＸ通寶」意為通行之寶貨，繼承自新莽以來推行的錢幣「寶貨」制。[12]也與舊貨幣有明顯的區隔，過去皆以重量為其稱呼，如五銖、半兩等，皆是銅的重量單位作為錢文形式，在三國與南北朝時期出現轉變，開始有錢文表示虛重量，實際卻不足錢文重量的貨幣出現，比如直百五銖、大泉當千等，皆不等於其錢文重量（百枚、千枚五銖之重），這種虛值錢的出現，有效的替朝廷積累財富。形制、品質上繼承北魏與隋代的開元通寶，以其時代的機會與優良鑄工，迅速取代五銖的地位。所以自唐代起，所有錢幣皆以通寶並配以年號、國號，增加社會上價值與國家信用價值，成為後世最有影響的貨幣。

12.《漢書》：「王莽居攝，變漢制……以為「劉」字有金刀，乃罷錯刀、契刀、五銖，而更作金、錢龜、貝、錢、布之品，名曰「寶貨」。」

怎麼讀？傻傻分不清楚？

開元通寶承繼自秦、漢半兩，五銖的形狀、大小，為圓形方孔銅錢，每枚重 2.4 銖，一枚為一錢，十枚為一兩，以此為基礎銅錢單位，迅速取代自秦漢以來上千年的銖兩結構，改以十進位制，這特別的計算方式從此改寫中國經濟史以重量為先的計價方式。儘管有這麼詳細的記載，在稱呼此錢名稱上卻有出入，究竟是稱作「開元通寶」抑或是「開通元寶」？首先在《新唐書》、《舊唐書》、《通典》、《文獻通考》等後世撰寫之史料皆載明其錢文為「開元通寶」，[13] 並且稱呼「開通元寶」為民間流俗之稱。但弔詭的是律政書《唐六典》、[14]《唐大詔令集》、宋代撰寫之《冊府元龜》等皆嚴格記載為「開通元寶」錢，因為律政書為國家最嚴謹之法律制度，一般用字應當最為精準，然而史料記載卻不相同，實在讓人難以相信「開通元寶」錢為當時民間流傳，這仍是未來需要再進一步考據之事。

開元錢的推行

作為一個嶄新時代發行的全新貨幣，為了迅速通行並加速佔領區的經濟掌握，唐王朝實施一些嚴厲的舉措：1. 盡廢五銖錢通行與回收舊式貨幣，使開元通寶錢獨佔市場。2. 限定開元通寶的鑄造，只能由官爐與賜爐鑄造。3. 錢文出現書法體，彰顯國家貨幣的價值所在。4. 開元通寶為祖宗之法，後世不可更變。

13.《新唐書 食貨四》：「武德四年，鑄開元通寶，徑八分，重二銖四參，積十錢重一兩……。」
14.《唐六典》：「皇朝武德中，悉除五銖，更鑄開通元寶錢。」

旋讀「開通元寶」
對讀「開元通寶」

開元錢造型的發展

自秦始皇統一天下前，有各種造型獨特的貨幣，秦朝滅六國後也實行貨幣統一，鑄行秦半兩，後來的貨幣皆遵循外圓內方的型態 。開元通寶承繼自秦、漢半兩，五銖的形狀、大小，為圓形方孔銅錢。

戰國圜錢

戰國半兩
（大篆體）

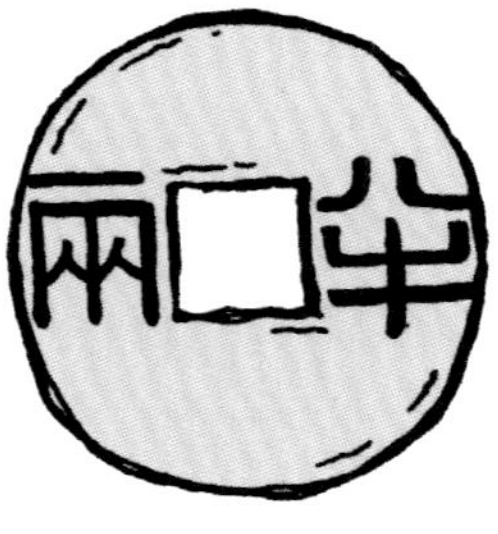

秦半兩
（小篆體）

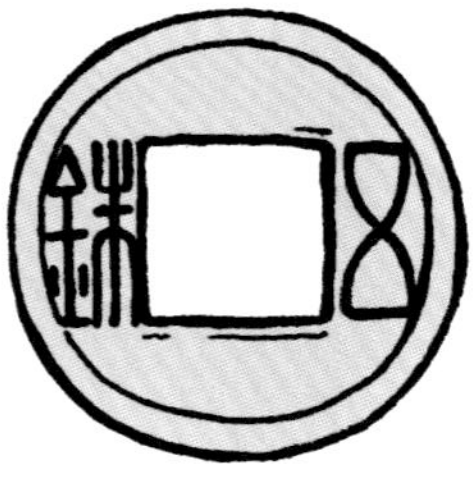

漢魏晉到隋五銖

開元通寶

開元的多重面貌：錢上的月彎彎

開元錢背後有一個倒月的痕跡，歷來學界已爭論數百年，有個史料說月文是文德皇后（唐皇后長孫氏）甲痕，[15] 在進呈蠟樣給皇帝看的時候，文德皇后好奇用手抓了過去，因指甲尖長不小心掐了一痕，[16] 鑄錢者接回蠟樣時發現多此痕，但不敢擅自變動設計，因此留於錢幣背上。背上月文的開元，有些人認為是晚期錢幣或私鑄錢（品質較差），但仍有發現有許多精緻鑄造的背月文開元。

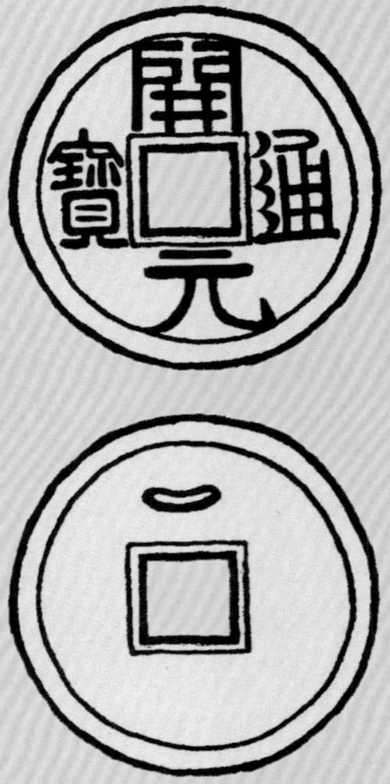

錢幣寫真 P.160 頁，A02

15. 除《唐會要》外，《談賓錄》、鄭虔的《會粹》、李日華《紫桃軒雜綴》、薛瑺的《聖運圖》等皆是認為甲痕為文德皇后。
16. 《唐會要》：「鄭虔會稡云．詢初進樣．自文德皇后掐一甲跡．故錢上有掐文。」

就連月文是誰的甲痕仍是個被記載的傳說，首先《唐會要》[17] 所提到的文德皇后，還有說是太穆皇后竇氏的，[18] 更甚至有說是楊貴妃的甲痕。[19] 最後月文傳說，從史料的文德皇后，到小說題材變成貴妃指甲所形成，連廣州地方也出現歧異傳聞，甲痕開元者為貴，[20] 而不敢去使用它，將這些較貴的開元收藏起來。

近年來學者認為中國自南北朝開始就受到西域影響，[21] 因為新月在西域有一定的意義，而兩角而上的上仰月象徵進步與成功，因為唐代與西域的貿易十分頻繁，並且受到阿拉伯商人來華貿易，大唐掀起流行異國文化，錢幣上也極有可能受到伊斯蘭文化的影響。

17. 《唐會要》是北宋王溥撰，專門記錄唐代的政治、經濟、文化等各項政制沿革。
18. 有王觀國的《學林》、凌璠的《唐政要錄》等皆是提出甲痕為竇皇后之手。
19. 劉斧的《青瑣記》、王楙的《野客叢書》等更多的是說此為貴妃甲痕。
20. 《廣州新語·古錢》：「用唐宋錢，廉州則用開元錢，開元錢以面有半月痕者為貴。」
21. 彭信威，《中國貨幣史》，頁 219。

入藥治病的開元錢

中醫常有言：「三分治七分養」意即人在康復過程中，不要太依賴藥物的治病，吃藥對於身體傷害亦是相當大的。李時珍的本草綱目有記載，銅錢可以入藥且相當有療效，雖然中醫奉為聖經的本草綱目證實這個藥材的存在，但用現今的醫療科學去看待此事，是相當荒誕難以理解，但作為探索古銅錢歷史發展與過去先民如何智慧的運用銅錢治病，值得我們深入探討。

書中記載，秦半兩、漢莢錢、大小各種五銖，皆可以入藥，但是有規定那個錢必須要有五百年以上才可入藥，就如同人蔘一樣，必須要用千年人蔘，然而唐高祖所鑄造的開元通寶，大小適中，特別好用，非常適合拿來入藥，唐朝的開元通寶如有流傳下來的皆以超過 500 年歷史的古董，於是成為古人愛用的中醫藥材，此篇章舉例幾種。

霍亂轉筋 在中醫的意思是大吐大瀉並造成筋絡及氣血損傷

本草綱目：青銅錢四十九枚，木瓜一兩，烏梅炒五枚，水二盞，煎完溫服。

取青銅錢 49 枚左右，並準備一兩重的木瓜與烏梅五粒一起快炒，炒完後加入兩碗水至湯鍋中，用慢火煎熬銅錢及配料，起鍋時濾掉配料只使用湯水。

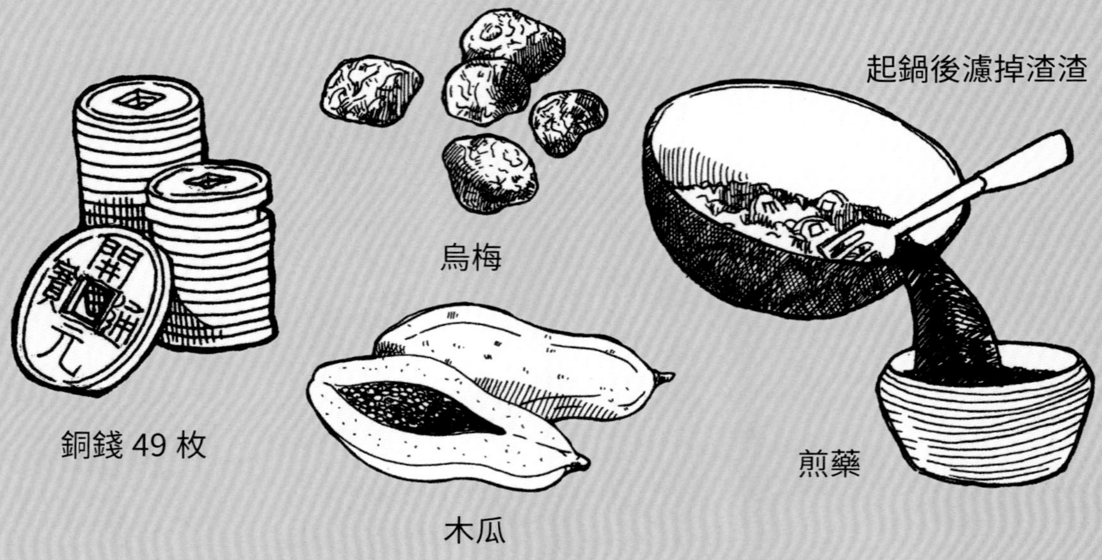

急心氣痛 胸悶心臟感覺不舒服會疼痛

本草綱目：古文錢一個，打碎，大核桃三個，同炒熱，入醋一碗沖服。

準備一枚老舊生鏽的開元通寶，最好是上面有飽滿綠繡，用硬物將其打碎並與三個大核桃共同快炒，在最後起鍋時加入一碗醋，不須濾渣，直接服用。

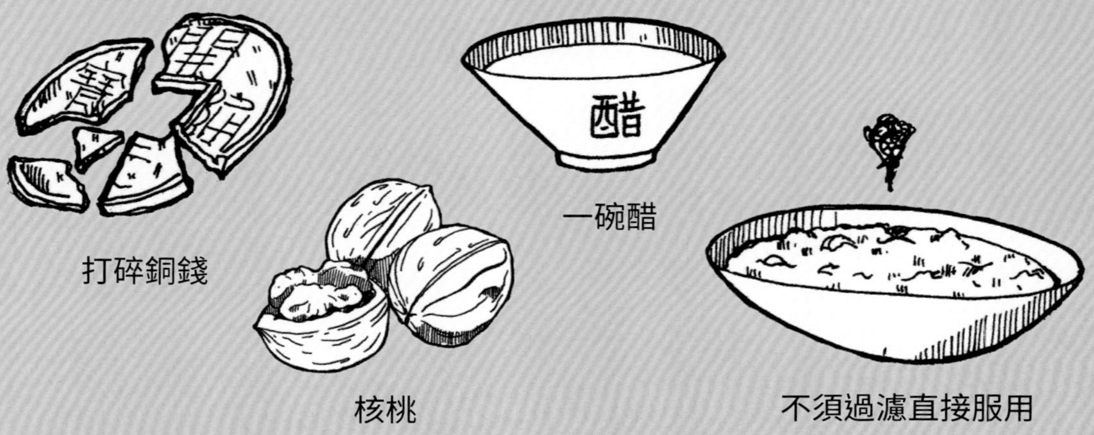

朝鮮居然用銅錢做眼藥？[22]

先做出藥泥餅放在暖坑烤，將 49 文開元錢洗淨，並將其按東南西北方向擺在藥泥上，並將銅錢碎如綠豆大，每面各放一塊，周圍用黃土泥封，其上噴水讓他保持濕度，蓋覆勿令透風氣，放於炙火上炙乾，用竹籬刮下，最後做出的眼藥並使用。若這樣的藥方需再用，銅綠繡較少者，宜加錢數，使數目不止 49 文。

22.（朝鮮）金禮蒙《醫方類聚·眼門》

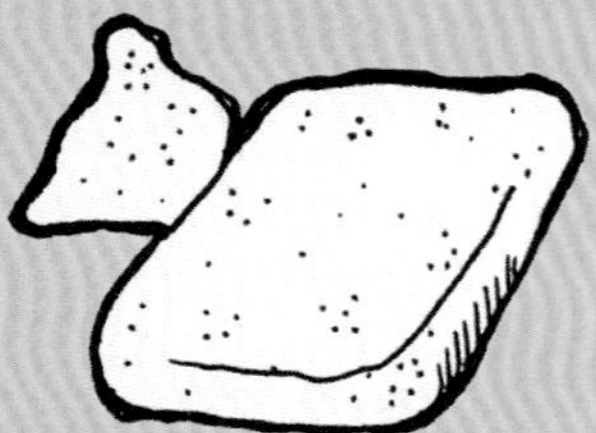

1. 藥泥材料做成餅狀

2. 將開元清洗乾淨

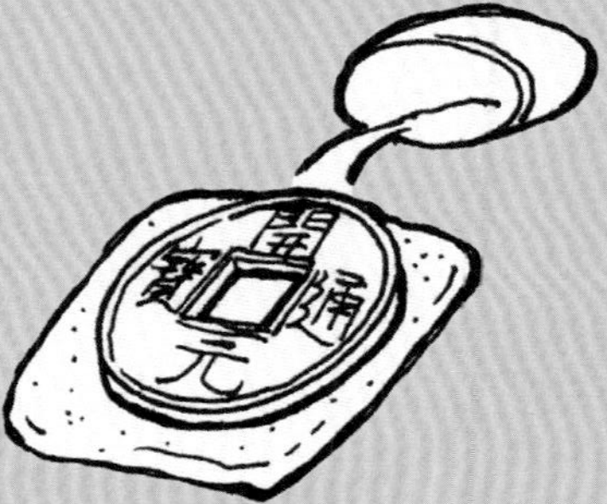

3. 開元擺在泥餅上

4. 將開元打碎並等其乾燥

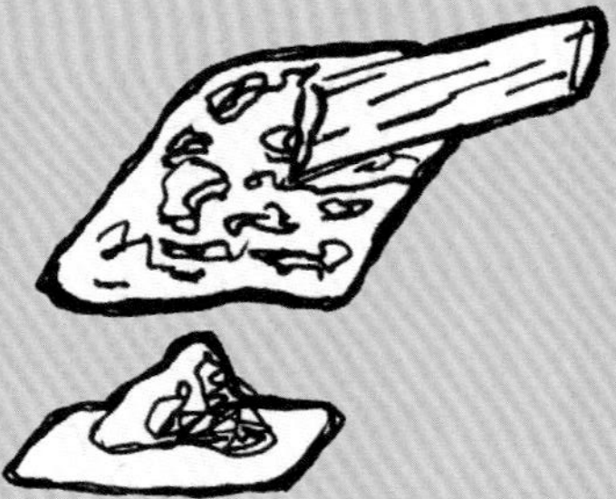

5. 刮下銅繡及藥泥

6. 將刮下物敷至雙眼

何家村出土的開元通寶

1970 年在西安南郊何家村發現重要的唐代窖藏，共出土千件文物，包括各種金、銀器、鎏金銅錢等、外國金幣、各類珠寶和貴重藥材，這樣的出土在當時正在經歷文化大革命的中國大陸引起轟動，連當時四人幫的江青都前往參觀。著名學者郭沫若在其文章《出土文物二三事》一文中，將何家村窖藏定調時間為天寶十五年（756）六月，邠王李守禮後人因戰亂所窖藏，成為學界的共識。[23] 何家村窖藏被考證應為唐代宮廷之物，這些物品反映出了豐富多彩的宮廷生活，使得後人得以窺唐代的貴族生活。

當中出土窖藏錢幣有 39 種，是錢幣收藏史上一次大發現，包括唐代通行的開元通寶，西域的高昌吉利錢，日本稀有的和同開珎銀幣，波斯與東羅馬時期的金銀幣。尤其值得重視的有相對少見的三國蜀的「直百」、孫吳的「大泉當千」、前涼的「涼造新泉」，以及北周的五行大布與永通萬國等，可以推測的銀行、票號出現之前，唐代中央政府需要保留前朝的各種貨幣以作為樣本，[24] 或是透過這樣的收藏來彰顯其政權的正統與法統。

23. 齊東方，《花舞大唐春——解讀何家村遺寶》（上海：上海古籍出版社，2019），頁 32-33。
24. 齊東方，《花舞大唐春——解讀何家村遺寶》，頁 74。

金開元通寶

直百五銖

錢幣寫真 P.163 頁，A15

大泉當千

錢幣寫真 P.163 頁，A13

盛世下的私鑄

然而看似很完美的全新貨幣，卻也面臨著相同的問題——私鑄，這個問題在唐代無比嚴重，因為錢幣不再是用銅重量價值來計算而是用枚數，致使人民能私自鑄造較輕的錢來賺取銅料差。至此，唐代創國之初就有這樣的未爆彈，「私鑄」從此變成唐以來最大的「首惡」，當然官府不是不處理這問題，而是越處理問題越大。高祖曾試著解決仍失敗告終，後來為挽救這爛攤子，增設桂州監一處來處理，甚至使得盜鑄的情況變本加厲。[25] 這個重擔就落到高宗皇帝的肩膀上，情況更加危急。

除了私鑄有利可圖外，私鑄問題是多面向的，唐代自貞觀、永徽盛世後，人口急速增長，加上商業型態快速的改變，唐朝開始湧進大量的西域胡商，大量的銅錢流到中國以外的地區，致使民間對於銅錢的需求急速劇增，但唐政府卻無法即時供應其需求，即便開元盛世後大量鑄造銅錢，仍是無法追趕上市場對銅錢的需求，自高宗顯慶年間，使得「私鑄」這兩字反覆在唐代史書中出現，變成縱貫唐史的重要關鍵，也是每個唐皇帝上任後試著想解決的問題。

25.《新唐書》：「（武德）五年五月，又於桂州置監。議者以新錢輕重大小最為折衷，遠近甚便之，後盜鑄漸起，而所在用錢濫惡。」

不論是重開元還是輕開元，都是好開元。
老百姓：那我都做輕開元，賺個盆滿缽滿。

然而自漢代以來，私鑄問題往往出現在亂世，尤其是魏晉南北朝時期更是明顯，有各式不一樣的五銖出現，明明都叫五銖卻有不同的大小與造型，皆是反應亂世所造成的錢幣多樣性，有趣的是在唐朝盛世國泰民安，反而有嚴重私鑄問題產生。難道這是唐君王的失能，抑或是民間的失德？這都是我們探尋唐代錢幣有趣的問題。做為唐代的百姓，基於錢幣不再以重量作為錢幣的計值時，民間就機靈的發現，將鑄工精良重量較重的錢幣鎔化，並將其分鑄成一枚一枚較為輕薄的私鑄錢，能讓人民拿著相同錢文的錢進行交易，或從交易中換得新的官錢，從中賺取重量與鎔鑄後帶來的利差。

唐代前的亂世私鑄錢

董卓五銖

董卓為劫掠民間財富所鑄造的惡錢，亂世期間，軍閥所鑄的錢。

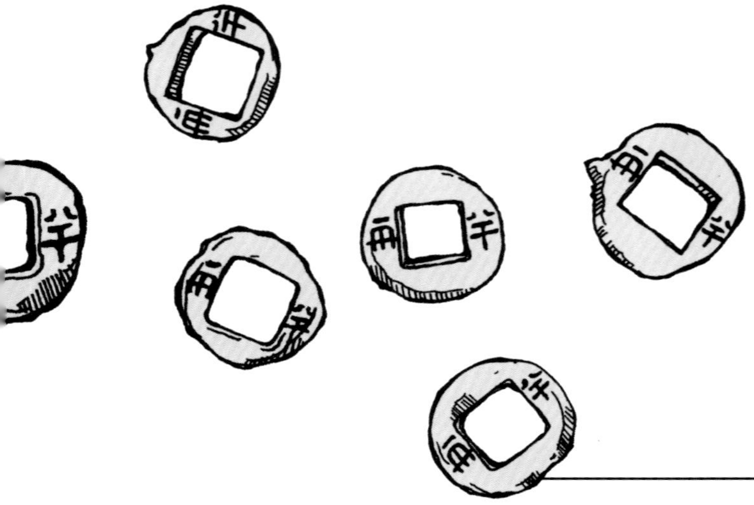

榆莢半兩

指錢體輕薄如榆樹之莢（榆錢）的半兩錢，秦末漢初，經歷長期戰爭，生產受到破壞，朝廷無法鑄錢而默許民間私自鑄造。

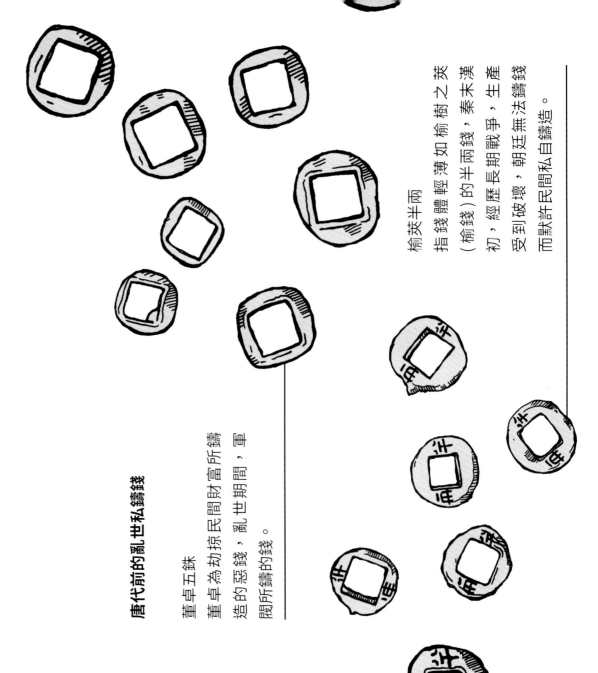

開元後的封禪大典

私鑄問題一直斷斷續續直到唐高宗的顯慶年間，高宗完成父親太宗多年未實現的目標，平定周邊地區並擴大唐朝疆域。群臣勸進封禪於泰山，在多年的預備後，終於封禪泰山並改元乾封，[26] 也正是因為這個封禪大典開啟了高宗打擊私鑄的第一聲號角。

自隋末天下大亂以來，人口喪亂導致人口驟降至 180 萬戶，約失去 80% 的人口。[27] 如今到乾封年間，因經歷盛世，人口數得到巨足的成長，商業蓬勃發展，私鑄問題也日益嚴重。對抗私鑄是一個殺敵一千自損八百的事，也正是要有良好的國力做後盾才能推行，在推行的過程中會影響原先的市場經濟，人民也不一定願意遵守新規定的制度。

26.《新唐書》：「乾封元年正月戊辰，封于泰山。庚午，禪于社首，以皇后為亞獻……。」
27. 范文瀾《中國通史》，第二節＜南北統一後的經濟狀況＞，頁 387。

小知識

那何謂是封禪呢？據《史記》記載，[28] 帝王封禪就是到泰山山頂刻石立碑，為泰山增高，以報答天德。這樣的舉措是要天下太平，並且皇帝必須是與前朝非同姓才可舉辦，這樣的典禮始於秦始皇，且能有機會封禪的皇帝必須是要有所作為，可供後人瞻仰，不過也有昏潰的帝王要封禪的案例。

28. 唐張守節《史記正義》：“白虎通雲：王者易姓而起，天下太平，功成封禪，以告太平。禪梁父之址，廣厚也。

高宗打擊私鑄－乾封泉寶

唐高宗 李治

私鑄問題來到顯慶年間，高宗在解決高句麗、西域等外邦問題後，他慢慢意識到自其祖父與父親太宗皇帝留下來的未爆彈——「私鑄錢幣」。[29] 高宗在對外關係上，取得了平漠北、破西突厥，剿滅高句麗等等歷史偉業，而在處理完外患後他開始著手市場整頓，然而私鑄是一個長期問題，甚至祖父與父親無法解決的遺毒，使得胸懷大志的高宗皇帝開始大刀闊斧，誓與私鑄對抗到底。

29.《舊唐書》：「顯慶五年九月，敕以惡錢轉多，令所在官私為市取。」

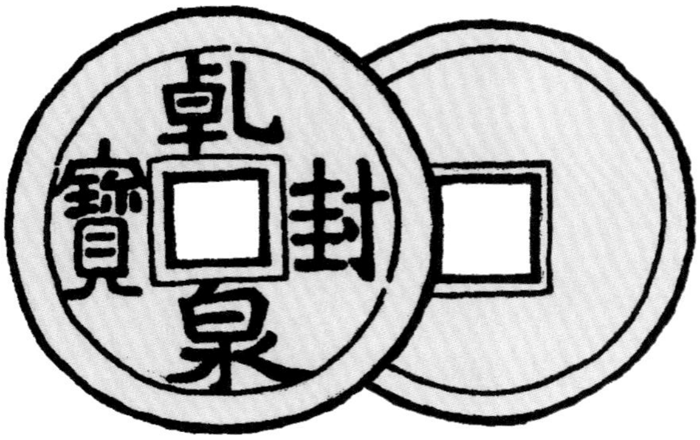

乾封泉寶

直徑：25 mm
重量：4 g
價值：一枚當開元通寶十枚

乾封泉寶

當開元通寶已經通行 30 年之久，經歷太宗皇帝的貞觀與永徽之治（627-656），乾封泉寶即將登場。乾封是一個年號錢，除了是唐代錢幣的另外一個創新外，更是高宗欲展現自身能力與成就的方式，藉由發行新貨幣來解決開元錢的私鑄問題，看似不影響大唐繁盛，但這問題可大可小，嚴重會衝擊朝廷的稅收，於是高宗廢除開元錢的使用，[30] 開始推行新錢。乾封泉寶也是高宗打擊私鑄三大招的第二招。

但好景不常，此錢僅鑄行 8 個月就宣告失敗，高宗即下詔罪己，承認自己的錯誤，不應該違背天意與祖制（廢除開元錢），[31] 唐廷迅速回收新錢銷鎔改鑄回開元通寶，這就是乾封泉寶最後存世不多的緣由。然《中國貨幣史》中提到乾封泉寶失敗的原因即可能是開元錢應當直讀，而乾封泉寶為旋讀，這樣一度的違制，使得人民與朝堂都無法接受才宣告失敗，[32] 至於對讀或旋讀確實習慣上會有影響，這次改革說白了就是一次變化太大，老百姓好不容易習慣舊制，卻被迫接受新的而加以抵制。

30.《舊唐書·食貨》：「乾封元年造乾封泉寶錢，……二年詔 開元錢依舊施行，乾封錢貯。」
31.《舊唐書》：「采乾封之號，改鑄新錢。靜而思之，將為不可。」
32. 楊心珉，《錢貨可議：唐代貨幣史鉤沉》，頁 29。

第一招：五枚爛錢換一枚好錢

高宗以官錢兌換民間私鑄錢，百姓需要用五枚劣質的錢幣到官府機構換一枚好的官錢。什麼？你官府這是搶劫吧？百姓將錢藏起而不用，最後失敗告終。[33]

33.《舊唐書》：「（顯慶年）以五惡錢酬一好錢。百姓以惡錢價賤，私自藏之，以候官禁之弛……高宗又令以好錢一文買惡錢兩文，弊仍不息。」

第二招：開鑄新錢，乾封泉寶

頒布新的貨幣「乾封泉寶」，[34]這回新錢一枚抵舊錢十枚來用。人民一看，好啊！上有政策下有對策，隔年人民私鑄「乾封私錢」，[35]致使朝廷放棄乾封泉寶，回來鑄行原有的開元通寶錢。[36]

34.《唐會要》：「乾封元年五月二十三日，盜鑄轉多，遂改鑄新文曰乾封泉寶。……舊錢並廢。」
35.《唐會要》：「其後悟錢文之誤，米帛增價，乃議卻用舊錢。至二年正月二十九日詔，比以（乾封）偽濫斯起，所以採乾封之號，改鑄新錢，靜而思之，將為未可。」
36.《唐會要》：「高祖撥亂反正，爰創軌模……，其開元通寶，宜依舊施行，為萬世法。乾封新鑄錢，令所司貯納，更不須鑄，仍令天下置鑄之處，並鑄開元通寶錢。」

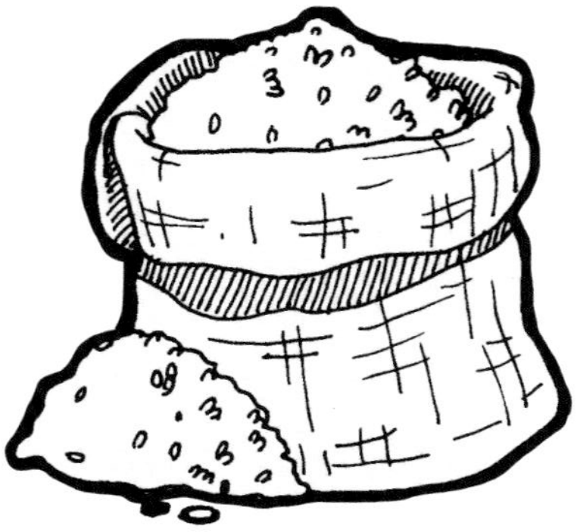

第三招：拿官米換私鑄爛錢

最後，高宗利用官米去收兌私錢，以官米一斗兌換私錢百文。[37] 因為司農（負責兌換的官員）利用其職之便來貪污，最終使得糧食漸貴，助長私錢的氾濫，[38] 反而致使官方停止官錢的鑄造，私鑄問題雪上加霜。

37.《唐會要》：「儀鳳四年四月，以天下惡錢甚多，令東都出遠年糙米及粟，就市糶斗，別納惡錢百文。」

38.《舊唐書》：「其惡錢令少府司農相知，即令鑄破，其厚重徑合觔兩者，任將行用。時米粟漸貴，議者以為鑄錢漸多，所以錢賤而物貴。於是權停少府監鑄錢，尋而復舊。」

失敗的結局

因為高宗政策的失敗，武則天時期又放任私鑄錢幣流通，[39] 甚至有鐵錫、夾錫錢（更廉價）等出現，任由流通於兩京（長安、洛陽）等地，[40] 導致這個貨幣問題從高宗延燒到玄宗頭上。

39.《舊唐書》：「則天長安中，又令懸樣於市，令百姓依樣用錢。俄又簡擇艱難，交易留滯，又降敕非鐵錫、銅蕩、穿穴者……先天之際，兩京用錢尤濫。其郴、衡私鑄小錢，纔有輪郭，及鐵錫五銖之屬，亦堪行用。」

40.《新唐書》：「武后時，錢非穿穴及鐵錫銅液，皆得用之，熟銅、排斗、沙澀之錢皆售，自是盜鑄蜂起，江淮游民依大山陂海以鑄，吏莫能捕。」

提油救火，武后的無力對抗

貨幣政策的失敗導致接二連三的問題發生，盛世之下的唐朝，貨幣系統甚至退回到隋末起義時期的經濟，人民開始回到實物經濟，以物易物，就連鐵錫這種便宜的金屬都成為貨幣，任其流通於兩京（長安、洛陽）等地，這是極為特殊的狀況，[41] 兩京之地為政權核心，朝廷中央已經默許這樣的行徑。來到武后完全掌權的時候，唐代的經濟竟突變成另外的狀況，更有夾錫錢的出現，比鐵錫更便宜，連其他朝代的五銖都出現在交易中，這是非常荒唐的事情。[42]

武則天統治時期在歷史上亦是一個盛世的延續，她重用狄仁傑、姚崇等中興名臣，國家在其主政期間，文化承貞觀之模、百姓尚稱富庶，故享「貞觀遺風」之譽，但這樣盛世延續下的經濟體系殘破不堪，無法適時處理私鑄的問題，甚至讓私鑄更加嚴重，一些奇怪材質的錢都能流通在市場上。很多人誤以為私鑄只有發生在亂世，盛唐的私鑄可以說是特例。唐玄宗繼任後，記取先前教訓也再發起了一系列對抗私鑄的戰爭。

41.《舊唐書》：「則天長安中，又令懸樣於市，令百姓依樣用錢。俄又簡擇艱難，交易留滯，又降敕非鐵錫、銅蕩、穿穴者，並許行用。其有熟銅、排斗、沙澀、厚大者，皆不許簡。自是盜鑄蜂起，濫惡益眾。」

42.《舊唐書》：「以至神龍、先天之際，兩京用錢尤濫。其郴、衡私鑄小錢，纔有輪郭，及鐵錫五銖之屬，亦堪行用。乃有買錫鎔銷，以錢模夾之，斯須則盈千百，便賫用之。」

銅錢？鐵錢？夾錫錢？各有考量

銅 - 五銖

西漢昭帝和宣帝所鑄的五銖錢，銅質較好，鑄造也佳，同時鑄造成本也較高。三者比較起來價值最高。在當時鑄行量十分巨大。

錢幣寫真 P.161 頁，A06

鐵 - 五銖

南朝梁武帝蕭衍鑄造，鐵的成本低廉。當國家鬧銅荒或急需快速積累財富，劫掠民間財富所鑄造。鐵錢也較厚重，不易於攜帶，通常國家有緊急事態才會考慮鑄造鐵錢。[43]

43.《隋書》卷 24〈食貨志〉，頁 690：「（梁普通四年）十二月戊午，始鑄鐵錢……，以鐵賤易得，並皆私鑄。及大同以後，所在鐵錢，遂如丘山，物價騰貴。交易者以車載錢，不復計數，而唯論貴。商旅姦詐，因之以求利。」

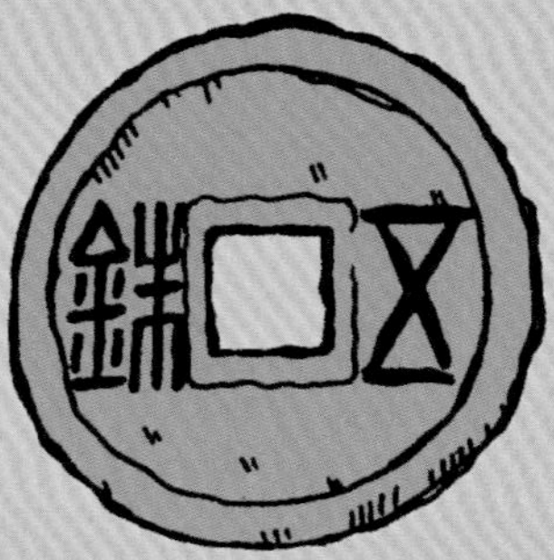

夾錫 - 五銖

隋文帝晚期所鑄，在鐵錢中加入鉛錫，使錢幣變脆，降低成本。除此之外，中國歷史的宋朝，蔡京請命特意鑄造流通於邊疆地區，如崇寧通寶等夾錫大錢，主要是防備北方遼、金兩國大量收購南方的銅製錢幣，然後熔鍊製作兵器。

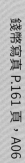

古代經濟學（劣幣為何驅逐良幣 ?- 格勒善定律 Gresham's Law）

劣幣驅逐良幣定理是個經濟學理論也被廣泛用於非經濟學的層面。這項法則於 1860 年由亨利·鄧寧·麥克勞德以托馬斯·格雷欣爵士 - 都鐸王朝時期的英國金融家所提出。這理論簡單可以理解為，大家都想把質量好及高品質的貨幣收藏起來，同時也更保值，品質低劣的貨幣大家拿到都會優先考慮花掉流回市場，於是市場上都是這些劣質貨幣在做交易。

在武后時期因放任各種劣質錢幣在市場流通，劣質錢會取代品質優良的錢幣在市場上反覆出現，這些夾錫爛錢等也成為老百姓優先考慮拿來交稅的貨幣，朝廷收到這些純度不一的爛錢，不僅稅收減少，還要鑄造更多官方優質錢去滿足市場對銅錢的需求。人民拿到官府的新錢，留而不用或者被私鑄者鎔化鑄造劣質錢重新留回市場。

私鑄的快速流通

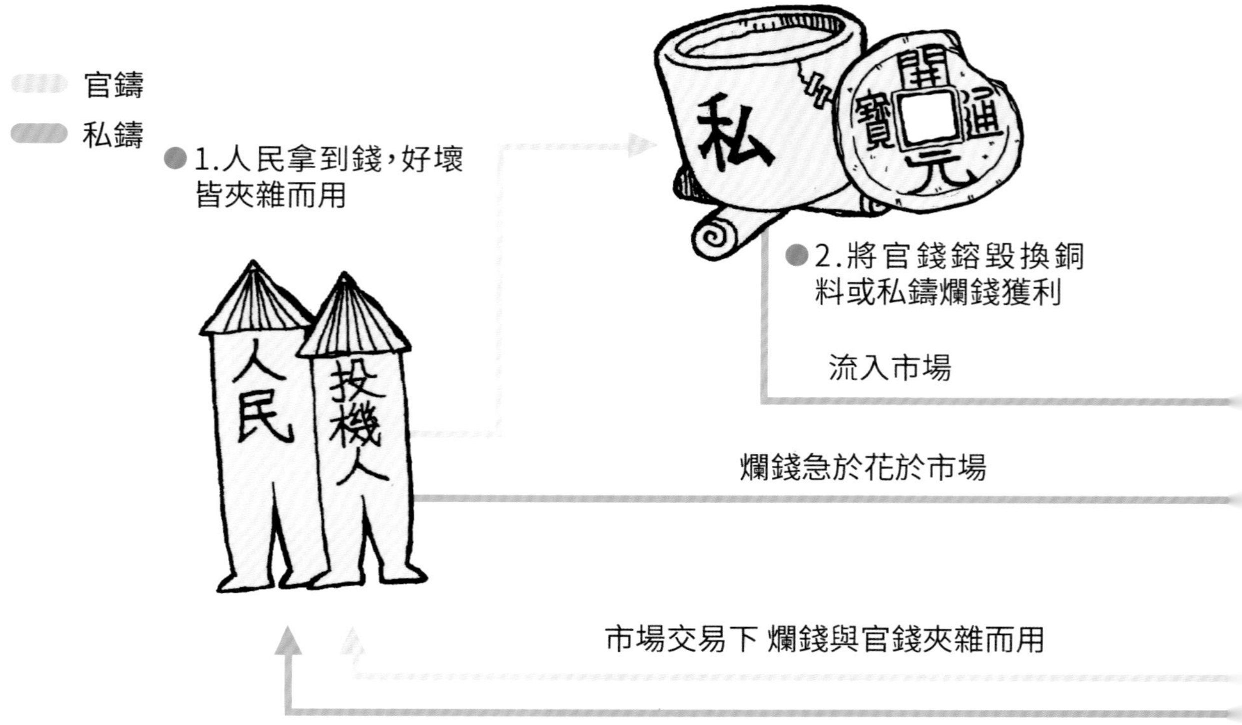
官鑄
私鑄
1.人民拿到錢，好壞皆夾雜而用
私
開
元
通
寶
2.將官錢鎔毀換銅料或私鑄爛錢獲利
流入市場
人民
投機人
爛錢急於花於市場
市場交易下 爛錢與官錢夾雜而用

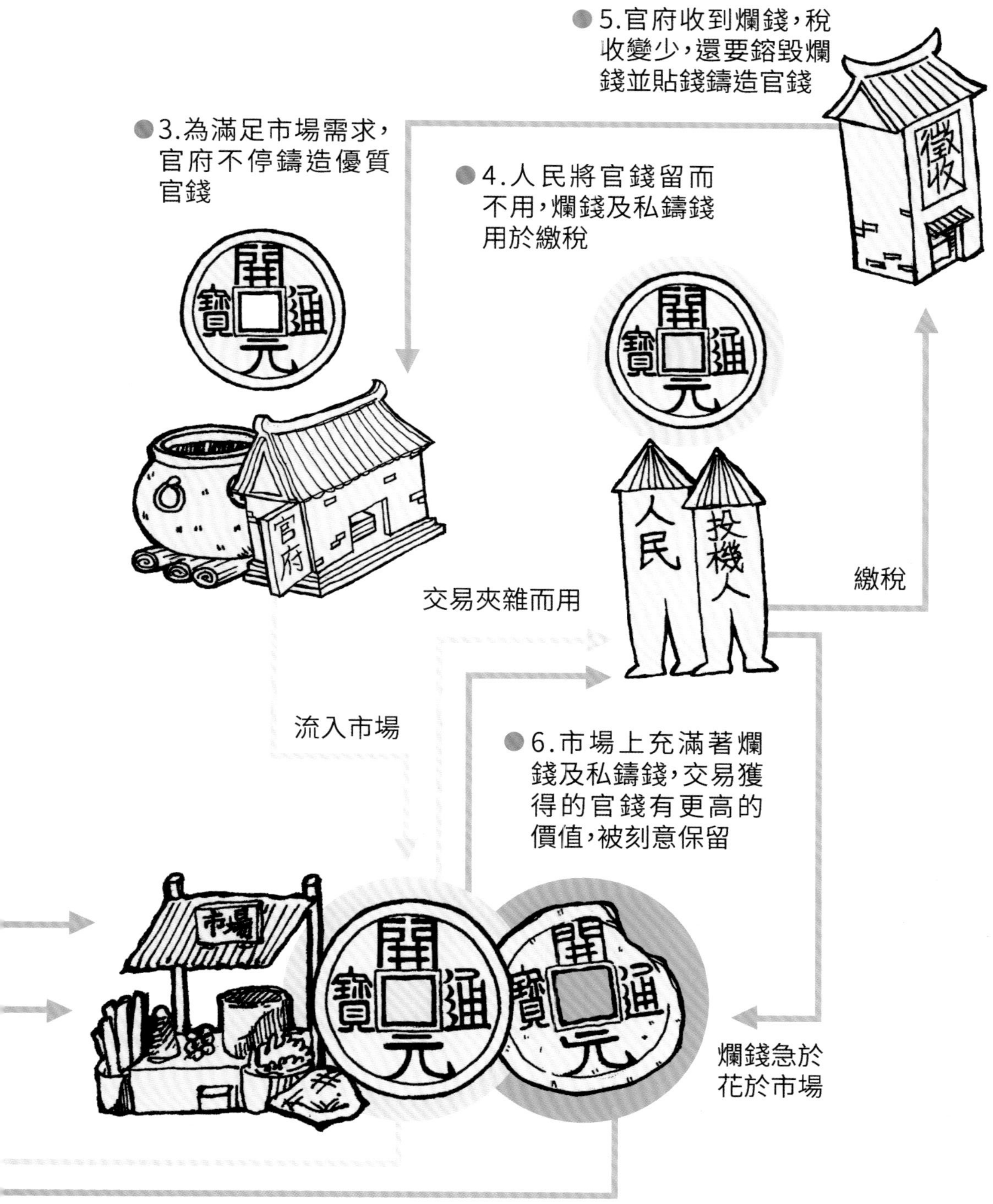
5.官府收到爛錢，稅收變少，還要鎔毀爛錢並貼錢鑄造官錢
3.為滿足市場需求，官府不停鑄造優質官錢
4.人民將官錢留而不用，爛錢及私鑄錢用於繳稅
徵收
開元通寶
官府
人民
投機人
交易夾雜而用
繳稅
流入市場
6.市場上充滿著爛錢及私鑄錢，交易獲得的官錢有更高的價值，被刻意保留
市場
爛錢急於花於市場

玄宗再戰私鑄 - 大量鑄開元

回到武后掌政時期，許多武后派系及親戚進入權力中央，武后死後這些親信多次的干政與兵變，使得原先攢下厚實基礎的李唐皇室變得積弱不堪，甚至有衰敗的跡象，使得原先大唐變得極度不穩定。

大唐在武后神龍年間後，經歷多次政變與干政，玄宗李隆基迅速掌握實權，使得其父親睿宗皇帝禪讓，登基寶位。登上大位的玄宗皇帝，立刻察覺到私鑄嚴重影響國家財政收入，在吸取高宗乾封泉寶教訓後，玄宗開始謀劃為清除私鑄做準備。而勵精圖治的玄宗皇帝，啟用許多賢能的宰相，改良軍事，改善經濟，清查戶口兵源，使得國家迅速重整，一改高宗武后時期以來的盛世奢靡之風，也為未來的貨幣戰爭培植實力，因為玄宗皇帝明白，對抗私鑄會是一個十分消耗國本的持久戰，沒有處理好足以撼動中央政權，不得不從長計議。

這次貨幣改革中有三個階段，分別是「官錢加鑄」、「禁私鑄與強收惡錢」、「故技重施與限制銅料」。官錢加鑄、禁止私鑄雖然立即見效，但是過度嚴厲，使得天寶初年，唐代面臨極為嚴重的問題——銅錢嚴重缺乏，此時銅料價格不斷上升，已經攀升至鑄錢光銅料成本就高達銅錢面值的七成多，還沒有算入人工以及鑄錢的其他材料，可以說是鑄一枚賠一枚。民間更是絕了，發現銅料價格比較貴，於是就將官方鑄造好的優質錢留而不用，或是銷毀鑄造成其他銅器來販售，官府又必須要鑄錢，只能高價收購這些銅料（或銅器），變相的使國家越鑄越窮。[44]

缺錢的影響下，交易對價更繁瑣複雜，影響稅收跟國內經濟發展，然而民間私下商貿不斷蓬勃發展，貿易頻繁，使得銅錢需求是以百倍千倍成長，即便官府馬不停蹄的鑄造，仍無法趕上民間發展速度，促使群臣們上書請求放行私鑄，但皇帝卻堅持不准放行。而正當官府在強力執行政策的同時，新一輪的問題即將引爆——安史之亂，向大唐席捲而來，將大唐盛世拉向無盡的深淵裡。

44. 楊心珉，《錢貨可議：唐代貨幣史鉤沉》，頁 126，當中討論玄宗對於私鑄的想法和與朝臣的討論。

官錢加鑄

開元時期的最大特色，增設錢爐與錢監機構，朝廷用來監督錢幣鑄造的情況，並在蔚州三河一帶（今河北張家口）增設四十爐以上，也請安祿山在上谷郡（今河北懷來縣）增設五爐加鑄銅錢，[45] 日夜不停的鑄造。其目的是要杜絕私鑄錢，並將大量官錢流通於市場，所以現今我們看到的開元通寶大多是玄宗皇帝於開元、天寶年間加鑄的錢。此政策實施下感覺很順利，結果銅料價格攀升，民間發現機會就瘋狂將新開元鎔化做成銅器，政策開始失靈，當時人口又到達到巔峰，又有更多人需要用錢，使得開元加鑄政策仍是隔靴搔癢，無助私鑄錢的禁止，玄宗並不氣餒開啟下一步更嚴厲的雷霆手段。

禁止私鑄與強收惡錢

玄宗此時啟用宋璟為宰相，[46] 下令禁止國內私自鑄造錢幣，先斬斷源頭。派遣大臣前往私鑄最嚴重的地方——江淮地區，去強制收兌惡錢，如果不乖乖上繳，將會受到重罰，結果人民十分恐懼，瞬間將所有銅錢，無論官錢或私錢全部上繳，商販貿易無錢可用因而銅錢變貴，在沒有銅錢作為貨幣，以物易物成為主要的交易形式，有些商人嗅到商機，沒有上繳銅錢反而用錢大量囤入米糧，結果地方人民無米可食，江淮地區在數月中，餓死者無數，路上皆是橫屍，第二階段政策再度失敗。

45. 楊心珉，《錢貨可議：唐代貨幣史鉤沉》，頁 128-129。
46.《新唐書》:「開元初，宰相宋璟請禁惡錢，行二銖四參錢，毀舊錢不可用者。江淮有官鑪錢、偏鑪錢、稜錢、時錢。」

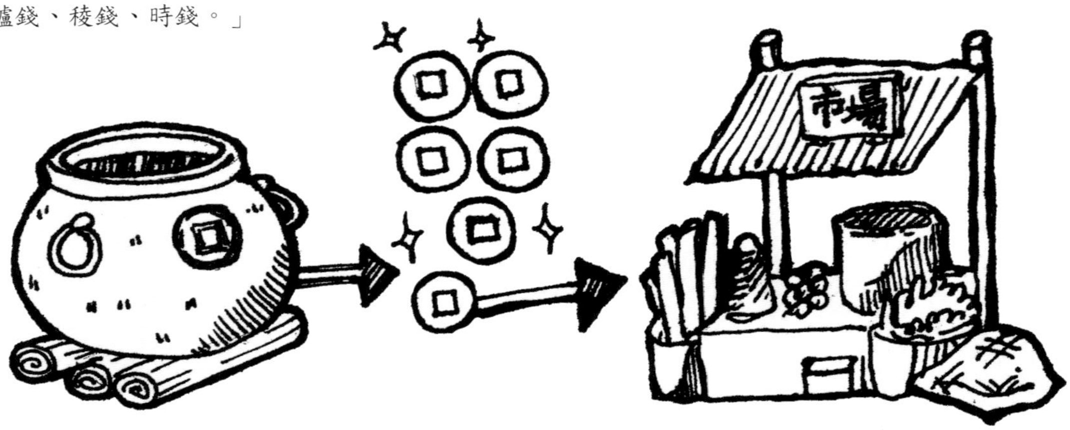

增設五爐　官錢加鑄　新錢流入市場

故技重施與限制銅料

前面兩政策的失靈，導致朝廷只好拿出官米，[47] 模仿高宗時期的老套路，拿米來收兌私鑄錢，但這次官府學聰明了，有限制銅的重量，必須在二銖四參（2.4 銖），才能兌換，如果低於此重量的私鑄錢，必須以雜銅價進行秤重收兌，[48] 也就是說所有私鑄錢都是以銅價秤重收購，一方面是禁止銅料的開採與銅器、錫器的買賣，另一方面是防止人民偷偷鎔官錢鑄銅器，這次政策的施行，私鑄錢問題趨緩了不少，殊不知這樣會產生新一輪貨幣問題（銅價再破新高）。

47.《新唐書》:「宋璟又請出米十萬斛收惡錢，少府毀之。」

48.《新唐書》:「詔所在加鑄，禁賣銅錫及造銅器者⋯⋯千錢以重六斤四兩為率，每錢重二銖四參，禁缺頓、沙澀、盪染、白彊、黑彊之錢。首者，官為市之。銅一斤為錢八十。」

禁止私錢

官府徵收

民間商人屯米

私鑄錢依重量兌換官米

古代經濟學 - 私鑄禁令

在我們進入下一個章節前，我們再來回顧一下銅錢、市場、人民與朝廷間的關係，在玄宗和高宗兩次對抗私鑄當中，藉由貨幣政策直接來控制市場，政府介入市場影響物價，破壞了原有的市場均衡。然而影響銅價的因素非常多面向，且當時記載有限，筆者就以朝廷對抗私鑄錢幣角度來介紹。

原有秩序下，朝廷減少稅收(銅料)，私鑄也影響著貨幣的信用地位，不加以管制會導致貨幣信用崩潰，在此情形下私鑄者獲利，市場上銅價穩定，因為私鑄者的鑄行量會依照銅價改變調整。

私鑄的日常

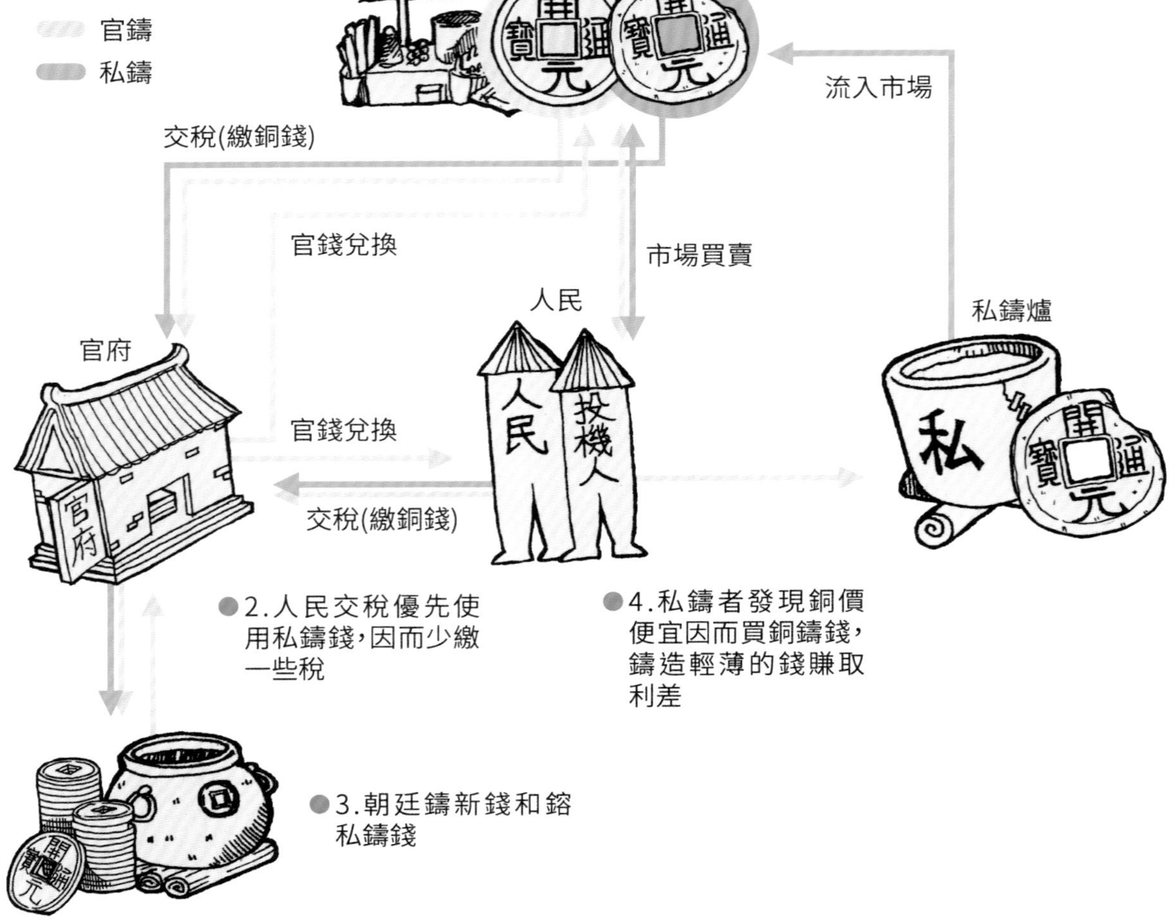
1.市場上好壞錢皆夾雜而用
市場

強制兌換私鑄錢後造成的真空期，朝廷不論怎麼鑄錢都無法滿足市場的缺錢，儘管私鑄錢的消失，但創新高的銅價，孕育出另一類生意，就是鎔官錢鑄銅器，私鑄者藉此獲利，然而朝廷要求人民必須用銅錢來交稅，人民只能用更多物資到市場兌換銅錢來交稅，在這時期下替代貨幣會出現(如糧食)。

失去私鑄後的市場

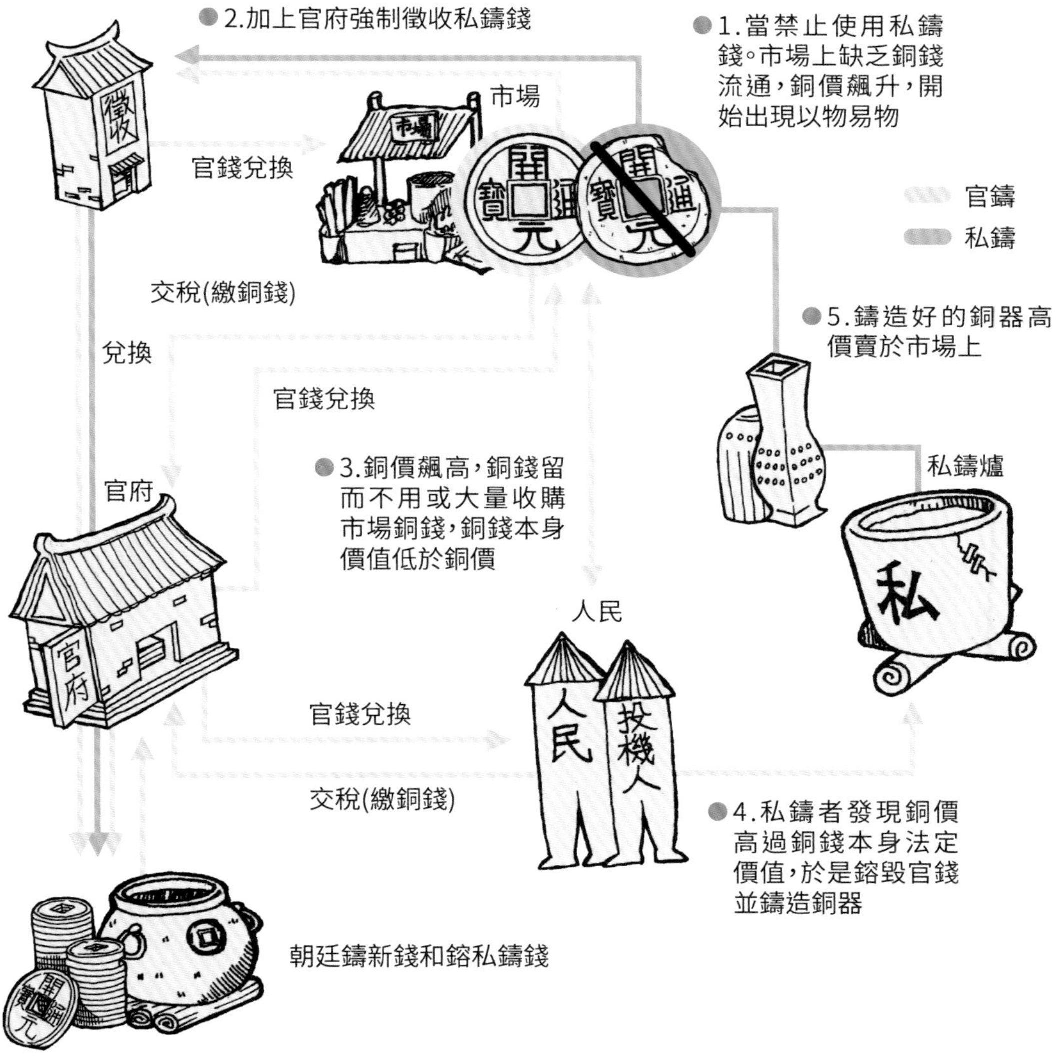

* 這都是非常簡化版的圖示，實際狀況更交織複雜，此圖表用意是為前面章節做整合，讓讀者有更深刻的印象，了解朝廷與私鑄者間的關係。

安史之亂上（安祿山叛亂）- 乾元重寶

安祿山原為胡人孤兒，憑藉著其因好學而通曉六種語言，因而擔任西域市場的翻譯員，後來很幸運的被節度使所收養，一路平步青雲，在因緣際會下受到玄宗皇帝的寵信與稱讚，奇蹟式的成為邊鎮的兵馬使（軍政事務官）。

唐帝國在唐玄宗李隆基的治理下，經歷盛世（713-755），[49] 私鑄錢氾濫的問題仍然存在，不過在大唐強盛的國力下，私鑄問題得以被掩蓋，民生物價等日常生活日漸趨於穩定，據史料記載開元年間的米價一度相當低廉至賤價。[50] 實屬相當難得的情況，大唐帝國的國力在此時達到最鼎盛，甚至詩人杜甫還時常回憶過去快樂的往昔：「憶昔開元全盛日，小邑猶藏萬家室。稻米流脂粟米白，公私倉廩俱豐實。九州道路無豺虎，遠行不勞吉日出。」說明大唐因為國內和平的階段，生產力不斷提升，促使食糧與人口急速的成長；但這樣的狀況亦造成銅錢日漸不足難以應付需求，就連鎔鑄前朝的五銖錢仍舊不夠，使得國家在天寶年間面臨嚴重缺錢的問題，為大唐埋下塵封近百年的炸彈。

當玄宗皇帝正享受盛世末期的光輝與榮耀時，唐帝國卻逐漸腐朽，開始入不敷出，雖然有他多年來的積累作為後盾，但盛世下許久未戰的禁衛兵（皇帝親軍）與強大的邊鎮軍（邊疆防禦軍）逐漸形成強烈的對比。等到來自范陽邊鎮的胡人武將—— 安祿山，率領他那原鎮守北方邊疆抵禦北方外族的猛將鐵騎，吹起軍隊的號角與戰鼓，聲勢浩大的向洛陽出發，使大唐盛世的美夢鳴起最後的喪鐘。

---

49. 即為開元、天寶初期兩個治理的盛世。
50.《唐語林》卷三〈夙慧〉：「開元初……米每斗三錢」，又見《冊府元龜》開元二年九月戊子詔：「天下諸州，今年稍熟，穀價全賤……。」

小知識

安祿山相當肥胖，重達三百多斤（接近 150 公斤），有一次玄宗皇帝就問他肚子怎麼這麼大，安祿山回答說：「因為他肚子裡只有一份赤誠的忠心」玄宗皇帝對他的回答非常滿意，甚至是對玄宗說：「他只知道皇帝，而不知道有太子」這恰恰都是對玄宗的諂語。最終到玄宗統治晚期，唐朝國勢由極盛轉變成安逸過度，對邊軍統領的管制逐漸無法控制，對中央軍又缺乏訓練與實際的作戰經驗，安祿山又是在各邊軍中實力最強大、軍隊訓練最完整，洞悉內情的他，慢慢地有覬覦大唐江山的野心。[51]

51.《新唐書・逆臣傳》：「晚益肥，腹緩及膝，奮兩肩若挽牽者乃能行，作胡旋舞帝前，乃疾如風。帝視其腹曰：「胡腹中何有而大？」答曰：「唯赤心耳！」。」

安史之亂

經過多年準備的安祿山，於天寶十四年（755）聯合奚、契丹等大唐邊疆少數民族軍隊共十五萬人，舉起反叛的旗幟，劍指向大唐安逸的河北地區，因為長期作戰都是由邊境（今北京、遼東一帶）節度使負責，河北當地許多州縣軍隊，早已享受慣安逸的太平日子，疏於軍隊訓練與缺乏和胡人作戰的經驗，許多州縣的軍政長官和節度使直接開門投降，使得安祿山的叛亂更加難以應對，此時唐帝國岌岌可危無兵可用，兩京（長安、洛陽）成為火海，原本以為兩京地區能夠堅持住，沒想到一下子就淪陷了。安史之亂為兩部分，分別是安祿山起兵及史思明再叛。

面對帝國的破敗，有許多文人墨客身陷淪陷區域，說出：「國破山河在，城春草木深」等語，留下千古緬懷，那強大的唐帝國早已不再，開元年間所帶來的富裕生活與繁華榮光早已煙消雲散。更可怕的是唐帝國也失去與叛軍較量的資本，其在兩京多年來所攢下的財富儲藏，隨著相繼失陷而落入安史大軍之手，可謂是「兩京陷沒，民物耗斃，天下蕭然。」[52]

緊急軍費籌措

安史大軍迅速南下，打下數州與兩京，使得唐帝國措手不及，又要在困窘的情形下，高效率達成各種軍備補充，國庫早已捉襟見肘，錢從何而來？在唐代以前，歷代皇帝面臨超額的軍費支出時，緊急的舉措只有兩種：1. 降低貨幣的配重或降低鑄造工藝，藉此來省銅料做更多錢，就像餐點不漲價但份量變少；2. 緊急鑄造提升幣值的新式貨幣，這就是所謂的做大錢，錢的價值權力者說的算。兩個舉措都會造成通貨膨脹，變相劫掠民間財富，大唐新皇帝最後選擇鑄造新式貨幣來應對超額軍需。

52.《新唐書·食貨志一》：「及安祿山反，司空楊國忠以為正庫物不可以給士，遣侍御史崔衆至太原納錢度僧尼道士， 旬日得百萬緡而已。自兩京陷沒，民物耗弊，天下蕭然。」

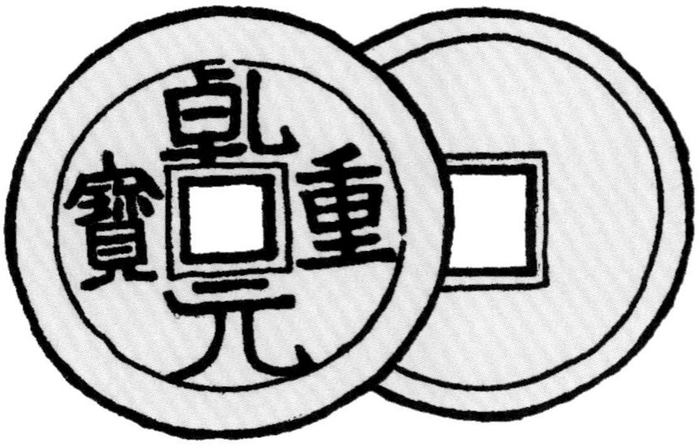

乾元重寶

直徑：30 mm
重量：8 g
價值：一枚當開元通寶十枚

錢幣寫真 P.160 頁，A03

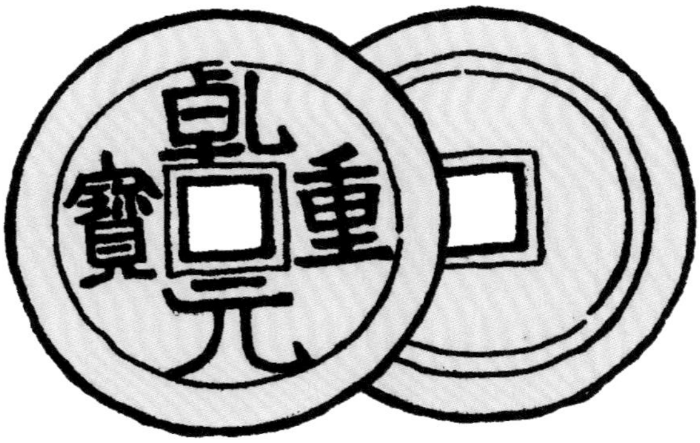

乾元重寶 背重輪

直徑：34 mm
重量：13 g
價值：一枚當開元通寶五十枚

錢幣寫真 P.160 頁，A04

大唐籌軍費——乾元重寶

安史之亂已過去三年之久，中原久經戰亂，百姓生靈塗炭，但大唐的命運仍是不知道何去何從，安祿山還是竊據半片江山與龍興之地——長安、洛陽。玄宗皇帝面對叛軍以及朝堂內部的權力爭鬥，感到無力，鬱鬱寡歡而駕崩，此時大唐新皇帝上任，太子李亨在安史之亂時，臨危受命於靈州（今寧夏回族自治區）即皇帝位，改國號為乾元元年，雖說是一個簡單的改朝換代，但此舉卻是改變唐代貨幣史，乃至五代十國。

乾元元年（758），大臣第五琦向唐肅宗李亨上書，必須鑄造「乾元重寶錢」[53] 這樣的舉措能夠瞬間為大唐積累到一筆巨大的軍事費用，使得國家能繼續與安史大軍對抗，但是此舉卻是強行向民間、商賈等吸納財富，必定使得國家經濟失去原來的秩序，老百姓生活雪上加霜，但大唐早已被安史之亂所摧殘，已經顧不上那麼多憂慮，新皇帝無奈之下頒布這個政策，使千瘡百孔的大唐，又再度踏上鑄大錢的道路，這也是條飲鴆止渴的不歸路。

乾元重寶一枚以一當十的大錢（一枚可以抵十枚開元通寶），其尺寸比唐以前的錢幣都還要巨大，宰相第五琦首先命令諸爐鑄造乾元大錢，令其為重寶，而非通寶，其意思是國家之重寶，而非流通之寶貨，價值高於開元通寶，這次命名的先例更是奠定未來王朝鑄錢的規範，後來只要是重寶為名的價格都高於通寶，這樣級別劃分目的是在市場上能夠兌換更多的開元通寶錢，再重新進入熔爐，讓政府能收到斂財之效，籌措更多的軍費。

53.《舊唐書》：「肅宗乾元元年，經費不給，鑄錢使第五琦鑄 乾元重寶錢，徑一寸，每緡重十斤，與開元通寶參用，以一當十，亦號「乾元十當錢」。」

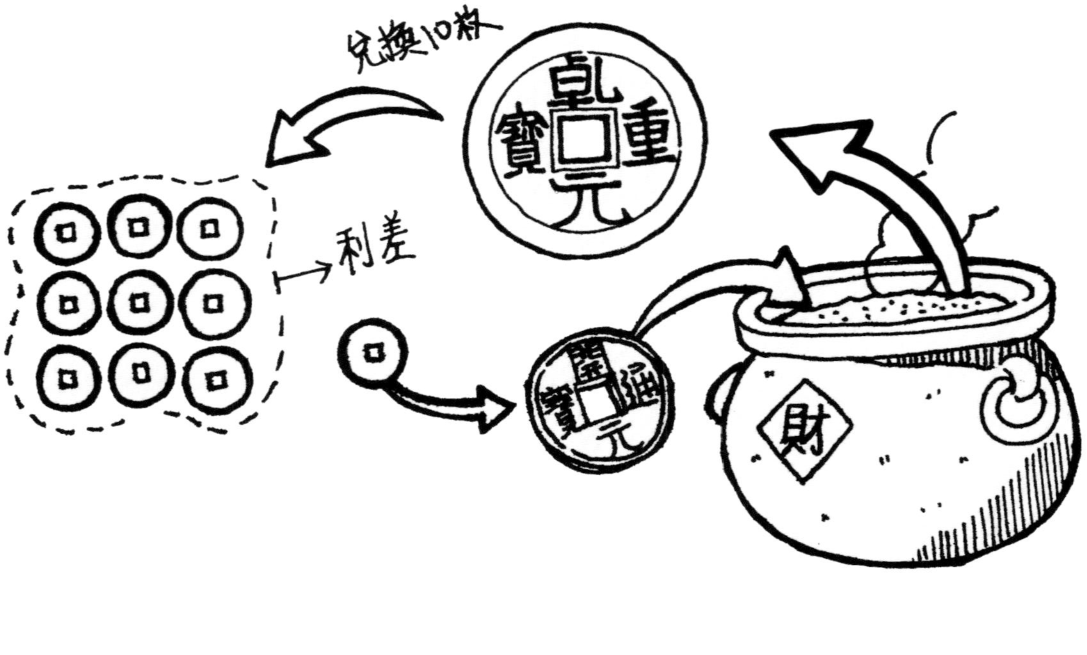

上有政策下有對策，人民也不是好惹的，這政策也導致另外一個反效果，[54]民間開始無視開元時期所宣布的私鑄禁令（玄宗打擊私鑄），相繼鋌而走險，開始模仿政府的手段，[55]鑄造乾元私鑄錢來斂財，結果導致新錢公信力迅速下降，人民不再使用新錢，甚至是回來使用舊的貨幣（開元通寶），市場因為貨幣政策失靈而米價加速翻漲，許多人餓死，或被迫加入叛軍。結果此政策推行沒多久就使唐帝國財政轉盈為虧，甚至惡化，讓大唐想要平定叛亂遙遙無期，雖然在短期大錢的催化之下，能夠瞬間供應十萬大軍作戰，不過大唐並沒有在短時之間內收復失地平定叛軍。

要撐起龐大的軍隊不能只依賴短期的搶掠，更重要的是民間富裕充盈，並在朝廷有計畫性的課稅最大化效益，因為叛軍就是人民，不得民心的朝廷會逼走百姓並加入叛軍，同時朝廷又必須增加軍費來平定叛軍，只會成為惡性循環，唐帝國的夢魘無法結束，[56]而歷史的巨輪隨著一次又一次的復叛與戰事的推延，無情地碾碎唐人過往所冀望的太平盛世。

54.《舊唐書》：「先是諸鑪鑄錢窳薄，鎔破錢及佛像，謂之「盤陀」，皆鑄為私錢，犯者杖死。」
55.《舊唐書》：「初有「虛錢」，京師人人私鑄，併小錢，壞鍾、像，犯禁者愈眾。」
56. 彭信威，《中國貨幣史》，頁 247。

飲鴆止渴，私鑄終結

上元元年（760）三月，在乾元錢鑄行後的幾年，京城米價漲到每斗七千的高價，[57] 肅宗注意到此問題並推行新政策改變錢幣間兌換的比例。[58] 將乾元重輪降至三十枚換一枚，原本是五十枚，另外乾元折十與開元舊官錢皆值當十錢使用。使得市場上虛錢、實錢互相混用，藉此來解決市場經濟問題。

沒想到歪打正著，江淮私鑄問題在不針對的情況下解決。後來肅宗駕崩，代宗（762-779）即位後，由名相第五琦提出再次改變錢幣的比值，乾元當十錢改以一當二，重輪大錢改以一當三，其餘都是以一當一，至此銅貴錢賤，促使人民不再用錢，而是改以毀錢來鑄造銅器，意外的解決百年來江淮私鑄產業，但造成大唐立國以來最大的錢荒。[59] 江淮地區也產業轉型，從原本的私鑄中心轉型成鎔錢中心，錢荒問題雪上加霜，唐中央出政策來解決虛值大錢所帶來的貨幣通膨，結果鬧了個經濟衰退。這樣崩潰的貨幣社會，直到唐大曆二年。

57.《新唐書·食貨志四》：「法既屢易，物價騰踊，米斗錢至七千，餓死者滿道。」
58.《新唐書》：「減重輪錢以一當三十，開元舊錢與乾元十當錢，皆以一當十，碾磑鬻受，得為實錢，虛錢交易皆用十當錢，由是錢有虛實之名。」
59.《新唐書》：「代宗即位，乾元重寶錢以一當二，重輪錢以一當三，凡三日而大小錢皆以一當一。自第五琦更鑄，犯法者日數百，州縣不能禁止，至是人甚便之。其後民間乾元、重稜二錢鑄為器，不復出矣。」

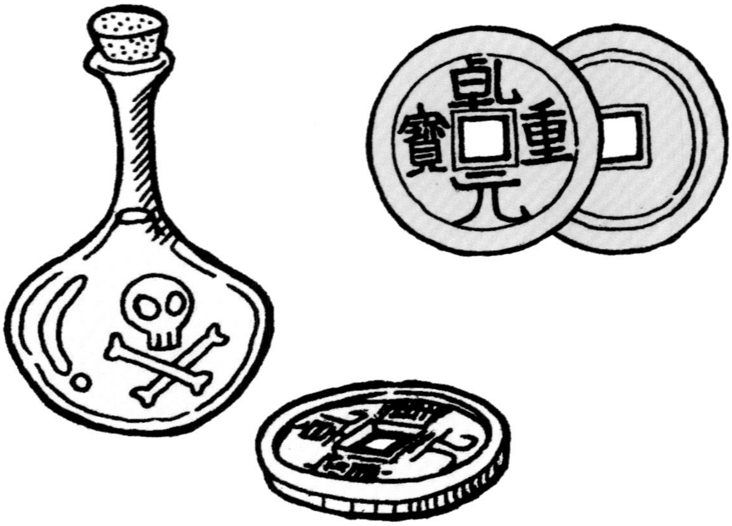

乾元背重輪
最初：一枚抵五十枚開元
中期：一枚抵三十枚開元
晚期：一枚抵三枚開元

混亂的乾元對價

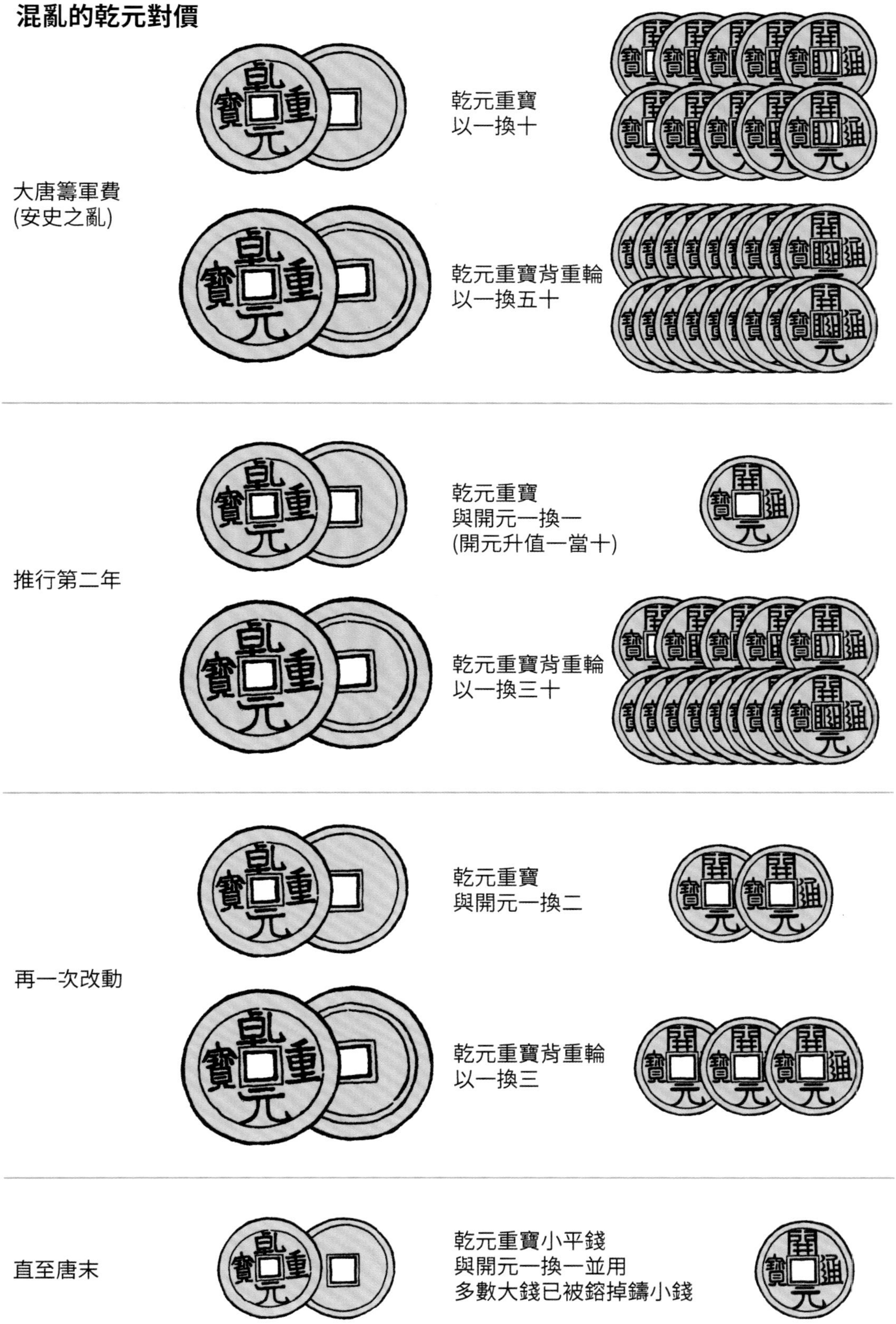
大唐籌軍費
(安史之亂)
乾元重寶
以一換十
乾元重寶背重輪
以一換五十
推行第二年
乾元重寶
與開元一換一
(開元升值一當十)
乾元重寶背重輪
以一換三十
再一次改動
乾元重寶
與開元一換二
乾元重寶背重輪
以一換三
直至唐末
乾元重寶小平錢
與開元一換一並用
多數大錢已被鎔掉鑄小錢

原來乾元還能這樣使用？

乾元重寶是一個新時代的銅錢，在叛亂中孕育而生，其鑄行與發行時間不過四年之短，後續五代政權仍相繼鑄造，影響範圍包括國境之外（安南、日本、高麗等），如五代之馬楚政權就分別鑄造（銅、鐵、鉛質）的乾元重寶，遠在廣東的南漢亦鑄造乾亨重寶，甚至高麗鑄造乾元重寶背東國字樣錢，都是說明乾元重寶的重要性與獨特性。出土的錢幣窖藏中，當屬五代出土乾元重寶錢居多，這些考古結果，正是乾元重寶對五代政權影響的直接證據。[60] 然而我們可以發現乾元重寶還有一個極特殊的現象，銅錢背後有飛鳥、騰雲、星月等符號，這樣的狀況反應什麼樣的現象？

學者楊心珉認為會出現此狀況並不難推測，而是從唐代的銅鏡上紋飾可以發現，雲、鳥等紋飾其寓意為祈求福氣與吉祥平和之意，故前人會以紀念某種節慶或是活動而將這樣的紋飾刻於銅鏡上，而銅錢亦是相同的道理，飾紋始於亂世，而不是和平盛世，除行用錢外，更有極大機會成為壓勝錢，[61] 用作於施法，大約從漢代起，開始出現一種類似原始宗教的形式，錢幣成為法器用於儀式祈求福氣降臨，考據當時唐代貴族集團間盛行壓勝秘術，此法在唐代頻繁被使用，是為五行壓勝之法，所以還有雷公星文，多點星點在銅錢上出現。

60. 楊心珉，《錢貨可議：唐代貨幣史鉤沉》，頁 45。
61.《漢書·王莽傳》：「是歲八月，莽親之南郊，鑄作威斗。威斗者，以五石銅為之，若北斗，長二尺五寸，欲以厭勝眾兵。」

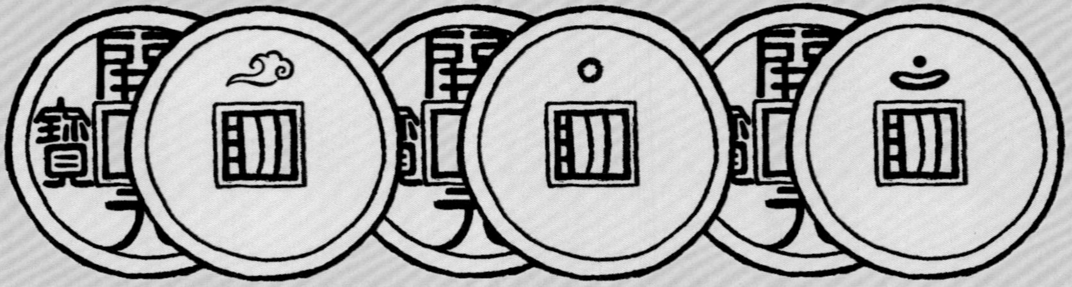

背祥雲　背星點　背孕月

乾元五行封印 - 對安祿山的魔法攻擊

這樣的壓勝之術在玄宗逃難之際，就是使用此秘術去對安祿山進行警告。而戰亂更是壓勝錢流行最佳時機，往往錢幣成為這樣儀式的媒介之一，但不能使用真正的貨幣，故民間開始鑄造乾元重寶背瑞雀、瑞雲等樣式，就乾元錢發行背景來看，這樣行為的動機就不言而諭，除了象徵祥瑞、詛咒等直接功能外，壓勝錢出現是反應唐統治集團內部對時局的不安，亦是國力從興盛走向衰敗的重要證據。說白了就是物理上軍隊打不贏叛軍，於是寄託魔法攻擊。

安史之亂下（史思明復叛）- 順天元寶 & 得壹元寶

梟雄造泉，與唐爭利

安史之亂已禍亂大唐帝國五年有餘，然而安祿山晚年患有眼疾，看不見且生性暴躁，身旁宦官莫名奇妙被打而懷恨在心，後來在其子安慶緒的教唆之下，宦官刺殺安祿山。安慶緒認為父親會把位子傳給另一個兒子而非他，因而謀劃刺殺，此時在幽州防禦的大將史思明察覺到安慶緒想要剷除他，於是詐降歸順唐廷，肅宗聽到歸降訊息而大喜，封范揚節度使。唐廷也得以收復兩京，包圍鄴城結束叛亂，結果不到半年時間，史思明復叛自稱大聖周王。三月，史思明率軍大敗唐九大節度使之軍，殺了安慶緒，再次讓兩京易手進而蒙塵。

此時的叛軍已不同於往昔，居然在帝都鑄造銅錢（得壹元寶、順天元寶大錢）有別於安祿山的叛變，史思明更令大唐頭痛，因為接下來不止是軍事方面的苦戰，更是與大唐打響了全面升級版的安史貨幣戰爭。

史思明為何要鑄錢？

史思明的再度叛亂，除了攻城掠地外，這回開始學會了經營，培養新官員及佔領新城池，和設立新的行政機構，發行新貨幣以彰顯政權的正統與法統，[62] 此次戰爭不僅僅是小區域的叛亂，更是動搖唐帝國在中原的根基，數年未納入大唐統治的河北地區，民間開始胡化與設立廟宇祭拜安史將領，[63] 其所鑄造之大錢（得壹元寶、順天元寶）盡收一時之利，更是破壞唐帝國經濟，老百姓在這場對峙當中成為魚肉，任由唐廷或是叛軍宰割。起初史思明鑄造的得壹錢被說是得一時之利，認為這是個惡兆，就變換錢幣樣式而改鑄順天元寶，這也透露出叛軍集團內部的迷信。

62.《資治通鑑》：「魏博節度使田承嗣為安、史父子立祠堂，謂之四聖，且求為相。」
63.《新唐書》：「乾元二年正月朔，築壇，僭稱大聖周王……欲郊及籍田，聘儒生，講制度。」

得壹元寶

直徑 : 36 mm
重量 : 21 g
價值 : 一枚當開元通寶一百枚
與順天價值相同

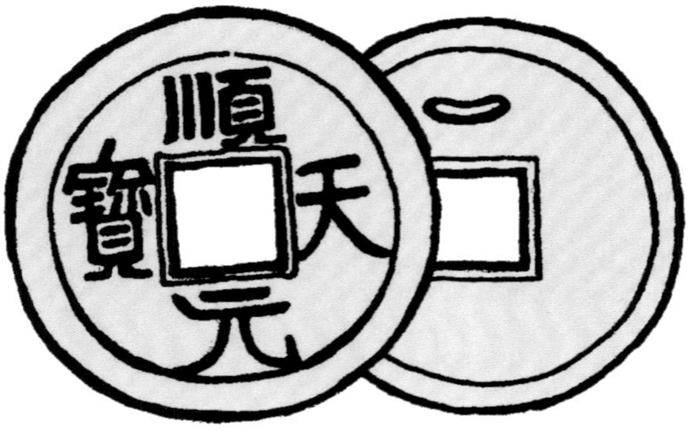

順天元寶

直徑 : 36 mm
重量 : 18 g
價值 : 一枚當開元通寶一百枚
與得壹價值相同

錢幣寫真 P.161 頁，A05

小知識

宋《清波雜誌》中提到元豐年間伊水、洛陽之間有非常多的得壹順天錢，[64]並且說明當時因缺銅而將佛像鎔鑄成此兩種錢幣。《夢溪筆談》中也提到當時宋代有許多此類錢幣，常在地上見到，[65]宋朝人不知道地上的錢是什麼年號，因為錢幣通行時間實在太短，於是不理會地上的怪錢。

64. 宋《清波雜誌》：……以不知「得一順天錢」鑄於何代為言。書成後，又言：「近得於朝士王儀：家有錢氏錢譜，乃史思明所鑄，初以『得一』非長祚之兆，乃改『順天』。」……以一當「開元通寶」之百，而李譜復云：「思明銷洛佛銅所鑄，賊平無所用，復以鑄佛。今所餘，伊洛間甚多。」
65.《夢溪筆談》：熙寧中，常發地得大錢三十餘千文，皆『順天得一。』當時在庭皆疑古無『得一』年號，莫知何代物。

唐廷與叛軍貨幣流通狀況

他將主要城市改名，范陽（今北京）改為燕京，洛陽改為周京，長安改為秦京，更以州為郡，鑄順天、得一錢。[66] 然而這些錢實際上流通範圍可能僅伊水、洛陽地區（今鄴城、洛陽一帶），[67] 而且流通狀況極度不順暢，致使兩京物價上漲情況十分嚴重。[68]

66.《新唐書·史思明傳》：「乾元二年正月朔，築壇，僭稱大聖周王，建元應天，以周贄為司馬；救相州，卻王師，殺慶緒，……更以州為郡，鑄「順天得一」錢。」
67. 宋《清波雜誌》：「李譜復云：思明銷洛佛銅所鑄，賊平無所用，復以鑄佛。今所餘，伊洛間甚多。」
68. 彭信威，《中國貨幣史》，頁 248-249。

黃色區域：乾元流通　橘色區域：順天流通

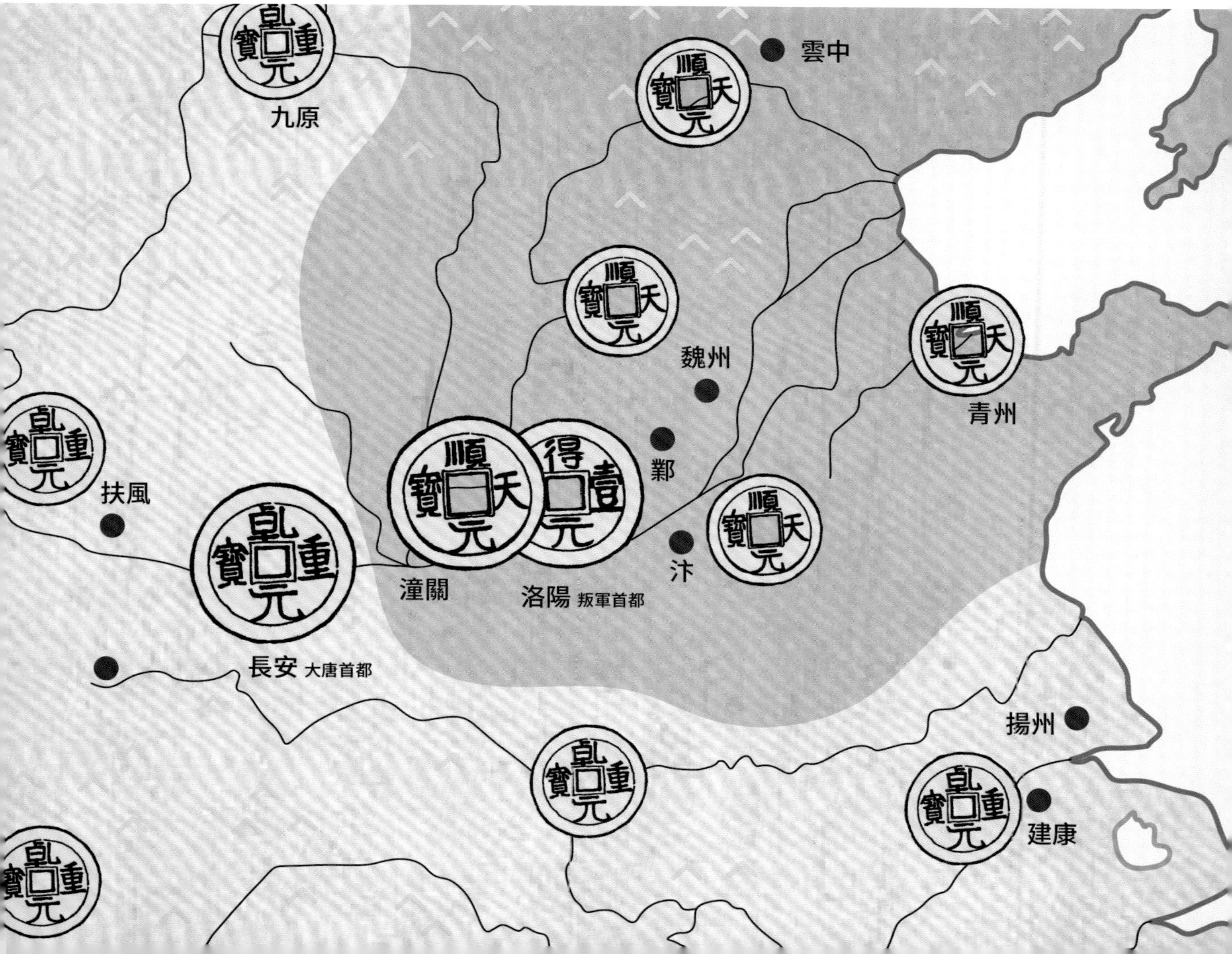

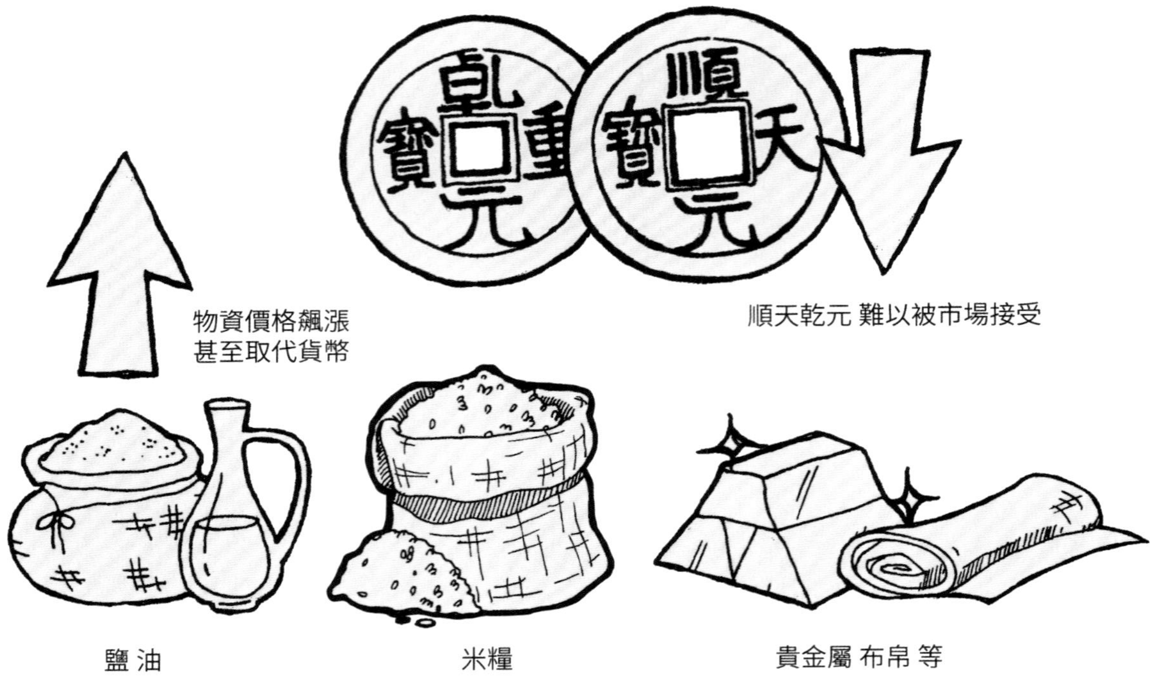

貨幣戰的結局

兩京地區（洛陽、長安）被唐政府與安史叛軍雙方激烈攻伐間反覆被佔據，京城百姓被迫乾元大錢與叛軍錢交替使用，人民無法信任銅錢，因為攻佔後原先流通的貨幣就作廢，於是人們棄銅錢而不用，回歸到以物易物，如絹帛、米糧等作價。此外，大唐疆域較遼闊，乾元大錢流通範圍也較廣，始終是此一時期的強勢貨幣，所以到現在仍留存相當數量的銅錢，許多地區都有出土的紀錄。

除了貨幣之外，經濟及稅務方面因為安史之亂影響，唐政府被迫重新調整稅收方式來配合貨幣改革，而這正是著名的兩稅法。結果國家在兩稅法實施下引爆新一輪的問題 (如 : 短陌) 這樣的結局導致人民更加困頓，人民需要生出更多的私鑄錢來繳納國家的稅收，因為政府只接受銅錢作為稅收，此情形讓社會再度變成錢重貨輕。

銅錢小知識：短陌

100 枚為一陌，短陌是一種特殊的貨幣使用方式，僅存於中古中國，其形式為「以未滿 100 枚錢，當作 100 來使用」。所謂「未滿 100」的意思，指的是按照銅錢的「枚數」計算，例如 80 陌指的是以「80 枚銅錢」當作「100 」來使用的。[69] 一般來說是商業迅速發展，銅錢數量追不上交易量的需求，導致貨幣迅速升值，出現「錢重貨輕」的狀況，進而形成短陌。

69. 吳承翰，《唐宋貨幣經濟中的「短陌」問題——學說史的考察》，頁 172。

律法小知識：兩稅法

唐德宗建中元年（780）由宰相楊炎施行兩稅法，取代徵收穀物、布帛等實物為主的租庸調，改為徵收現錢（銅錢），一年兩季徵稅（夏季、秋季），並按財富情況來徵稅，此舉能使富人跟朝廷交換銅錢繳稅，在初期銅錢通膨嚴重時，對人民是減輕負擔，同時國庫短期充盈。後來市場上銅錢不足，人民為了繳稅必須用更多物資去換銅錢，銅錢稀缺價格高昂，最終導致負擔更加沉重。[70]

70. 彭信威，《中國貨幣史》，頁 220。

錢上的月彎彎再現

史思明所鑄造的得壹、順天元寶，錢幣背面也有月文，比例非常高，為何會有這麼多背月文的出現？原因有兩點，第一點是安史叛軍及鑄錢者是胡人身份居住在大唐，這些胡人一定程度上仍保有他們的文化習俗，第二點是他們在天寶九年（750）被唐玄宗許可於上谷郡置五爐鑄錢，所以有鑄造大量月文開元。[71]從這兩點來判斷背月文是受外來影響，並認為月文為祝福與成功的吉語，所以在乾元錢也有月文出現。所以除了貴妃甲痕外，月文在西域有獨特的意涵，提供我們對錢幣不同的想像。

71.《新唐書·玄宗本紀》

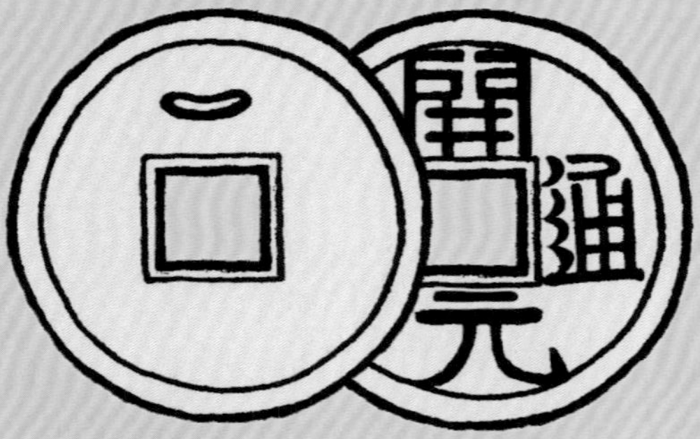

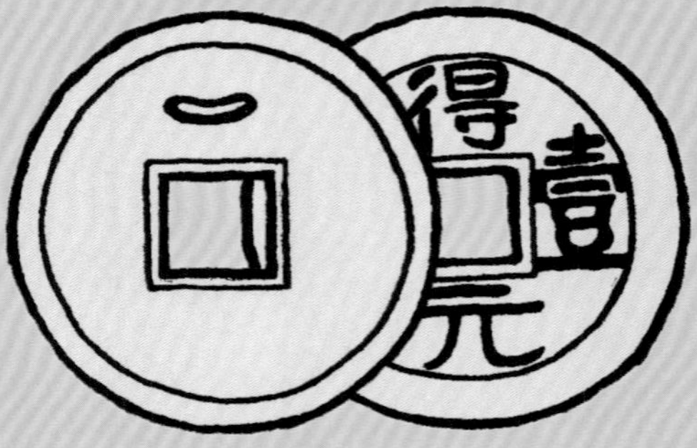

李白與三貫銅錢

古代經濟學（貨幣信用 - 虛值大錢）

在我們進入下一個章節前，我們先來了解貨幣信用，在大唐最初的章節有提到開元通寶是一枚法定價值的貨幣，不再與銅料重量掛勾價值，後來大臣第五琦向唐肅宗上書鑄造大錢乾元重寶，藉此籌措軍費，這些大錢面額巨大但銅料使用遠遠不如其面額。乾元重寶最初 1 枚換 50 枚開元，叛軍的順天元寶直接加大力度 1 枚換 100 枚開元通寶。

那為何人民願意使用呢？因為有政府為擔保賦予錢幣價或者是用手段強制流通，我們可從混亂的乾元對價中得知物價飛漲及貨幣信用降低，於是唐中央多次調整匯率來因應。另一個案例是北周的永通萬國錢，北周發行的超級虛值大錢，一枚當五萬枚使用，一般老百姓才不會沒事去兌換，但是北周朝廷有規定，凡事出入關口都要出示此錢，於是這枚錢成為有錢人能夠到處去旅遊的官方限定旅遊卡。

永通萬國：隋書記載「四年七月……人多盜鑄，乃禁五行大布，不得出入四關，布泉之錢，聽入而不聽出。」原文是太多人盜鑄五行大布，持有也不得出入（四關）關口，反推可知，原本持有五行大布及永通萬國的人，可以出入四關，但因為盜鑄猖狂，禁止五行大布。

乾元重寶
（大唐貨幣）
1 換 50

官府強制推行，為籌措軍費對抗叛軍，擔心人民拒用，對價沒有過度膨脹。

順天元寶
（史思明叛軍貨幣）
1 換 100

叛軍攻佔京城強制推行為對抗大唐，但人民並不愛用，更偏好以物易物。

大泉當千
（三國東吳貨幣）
1 換 1000

三國東吳與蜀漢有密切的貿易往來，但蜀漢先鑄造大錢流通於東吳，造成大量軍備物資流入巴蜀，東吳因而鑄大錢反擊。

一刀平五千
（新朝王莽貨幣）
1 換 5000

王莽禁止人民自有黃金，黃金需上繳朝廷，兩枚一刀平五千可以換黃金一斤，這造型獨特的刀能換五銖五千枚。

永通萬國
（北周貨幣）
1 換 50000

北周三品為布泉、五行大布及永通萬國，這枚虛值大錢成為過關口的識別證。

武宗滅佛 - 會昌開元

唐武宗 李炎

會昌法難

自安史之亂爆發後，唐朝經歷了多位君王，如肅宗（756-762）、代宗（762-779）、德宗（779-805）、順宗（805）、憲宗（805-820）、穆宗（820-824）、敬宗（824-827）、文宗（827-840），因皇帝崇尚佛教，佛教肆無忌憚的發展，寺院林立，僧眾數量突飛猛進。也正是因為戰亂，人民貧苦需要慰藉，宗教因而發展得更迅速。自魏晉南北朝以來，寺院是不需要繳稅的，因此許多平民為了不納稅甘願成為佛教蔭戶，為佛教僧眾所役使。在此情形下，寺院吸收大量納稅人口，使唐中央喪失大量財政賦稅，綁架大量勞動人口。[72]

元和九年六月，武宗李炎即位，唐代著名君王武宗展開他的「會昌中興」，30 多歲的李炎正值他人生的黃金時期，年輕的皇帝想要在其生涯有所作為，一展身手，所以他召回賢相李德裕與宦官鬥爭，順利解決仇士良這個大宦官，奪回朝堂權力，開始嚴肅整頓官員，平定回紇，鎮壓昭義藩（節度使），威震中外，朝野皆煥然一新，簡直明君再世，這樣英武有作為的君王，就在這內憂外患下開始他一系列的經濟政策。

這時新皇帝李炎因信奉道教，時常提拔及召見道士，並煉丹製藥，他了解到佛教已嚴重影響到大唐稅收，故於公元 842 年開始整頓寺院中隱匿的人口，包括雜亂不堪的僧眾戶籍，對佛教展開一系列的霹靂手段，且詔書多次提到佛教寺院皆高大於皇宮宮殿，這是他所不能忍受的，所以他毀全國寺院、佛像，將佛教之銅鑄於銅錢，鐵器還於地方鑄為農具，拆毀寺廟四萬多所，並有二十六萬僧侶被強迫還俗，全國除長安少數國家寺院外，大多數皆已拆除，拆毀後閒置田產皆歸國有，前後歷時三年，史稱：「會昌法難」。[73]

---

72. 彭信威，《中國貨幣史》，頁 223。
73. 《舊唐書》卷 18〈武宗本紀〉詳細過程載於此內容中。

永平監官李郁彥奏請以銅像、鐘、罄、爐等皆鑄為銅錢。[74] 李紳作為李黨的核心人物，首先發難鑄造錢文背昌的開元通寶，[75] 而且他作為揚州節度使，其鑄錢文用昌字，其餘州群起而效尤，鑄有丹、平、襄、興、潤、越、福、宣、洪、鄂、廣、桂、兗、潭、益、梓、梁等州名，然而這樣的貨幣政策，於會昌五年七月才下令鑄造，六年才開始推行，至六年初武宗病逝，下一任宣宗又盡廢會昌之新政。[76]

74.《新唐書》：「及武宗廢浮屠法，永平監官李郁彥請以銅像、鍾、磬、鑪、鐸皆歸巡院，州縣銅益多矣，鹽鐵使以工有常力，不足以加鑄，許諸道觀察使皆得置錢坊。」
75.《新唐書》：「淮南節度使李紳請天下以州名鑄錢，京師為京錢，大小徑寸，如開元通寶，交易禁用舊錢。」
76.《新唐書》：「會宣宗即位，盡黜會昌之政，新錢以字可辨，復鑄為像。」

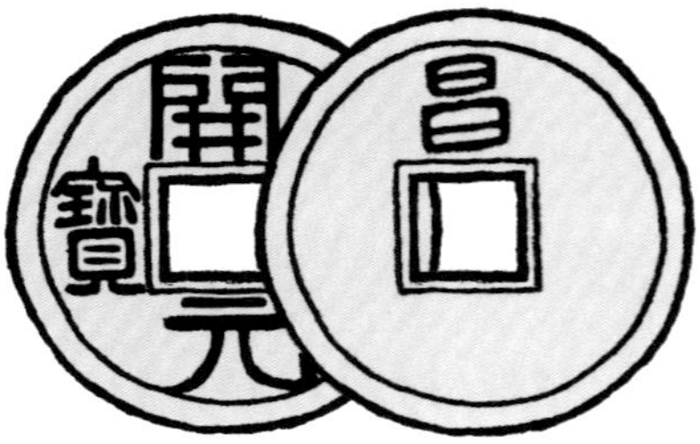

會昌開元以背後昌字為紀年號“會昌”。朝廷下令各地州郡仿效淮南的做法，鑄造背面有紀地文字的開元錢。

京（長安） 永（零陵） 平（昌黎） 福（福州） 潤（鎮江） 藍（藍田）

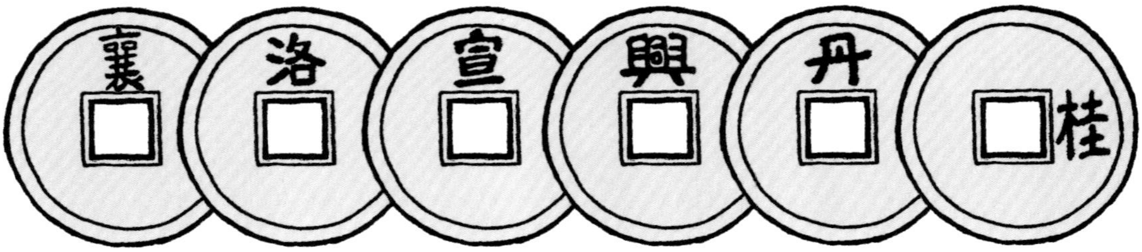

襄（襄陽） 洛（洛陽） 宣（宣城） 興（興平） 丹（晉城） 桂（桂陽）

會昌開元的結局

年輕皇帝李炎崩逝於會昌六年三月，在位時間不久，感覺會昌開元在數量上應該不會太多，[77] 但情況並非如此，會昌開元的鑄造象徵是唐政府允許地方能夠自行鑄造錢幣，各地州郡首長為證明在地方上的毀佛情況，而呈上所鑄造的背地名開元通寶，以示努力貫徹皇帝的命令。

唐政府從唐初就有嚴格規範開元錢必須是政府的官爐鑄造，或是政府冊封的各式賞賜爐，比如秦王爐、安祿山爐等，都是說明開元錢的鑄造十分嚴格，但這樣的限制下，整個唐朝出現特殊的現象——錢荒，為突破此特殊情況，唐武宗透過毀佛來挽救唐朝的經濟，毀壞銅像以極低成本來鑄造大量銅錢並緩和經濟問題，既可以對抗錢荒，也可以對抗銅價越來越貴的問題。

最後，有關新皇帝宣宗即位後，全面廢除會昌時期的政策，包括廢除會昌通寶的鑄造，也許是真的，但會昌開元錢的存世量相當多，證明在宣宗下令廢除後還是一直有在鑄造會昌開元錢，因為光是豫章郡的鑄錢來看，開元錢背洪就有相當多的版式，有大小、穿上下位置，以及與月文搭配的版別出現，這不是短短數十個月能有這麼大量的版式錢，說明在會昌結束後，會昌開元錢仍有持續鑄造，原因在於從此時開始，地方擁有鑄錢的權力，而當節度使獲得鑄幣權後，就能如安祿山一般坐大並統治地方，最後慢慢脫離中央的統治，這也導致了唐朝末年的再一次藩鎮割據。[78]

---

77. 彭信威，《中國貨幣史》，頁 224。
78. 彭信威，《中國貨幣史》，頁 225。

佛錢的功用

　　會昌開元錢總共鑄造時間不超過 10 個月，時間很短，而大部分又被銷毀鑄回銅像，但也因為這枚錢幣見證了會昌滅佛的前因後果，變得具有很重要的收藏價值。後世的民眾，對這一枚會昌開元通寶 (佛錢)，有以下這些用途：

1. 放身上護身、保佑平安，是有靈性的平安錢。
2. 佛銅像器物內中空，可以裝臟，進而增加像器的法力及靈性。
3. 復鑄或回鑄為佛銅像器物。

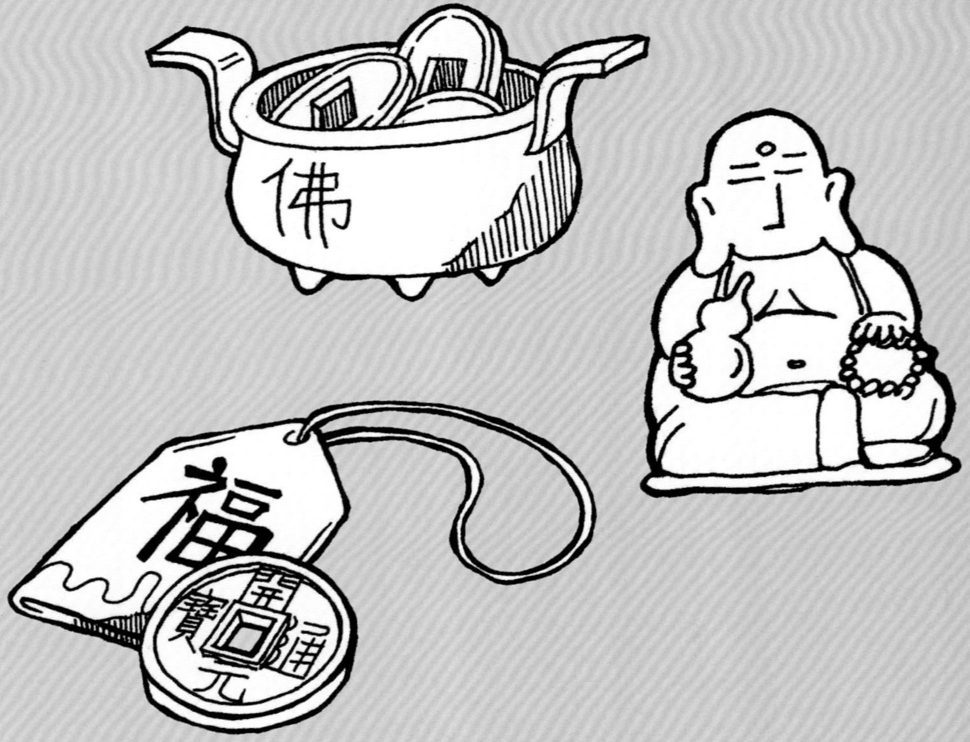

歷史上著名的法難

歷史上有「三武一宗」的四次法難事件，這裡的三武是指北魏太武帝、北周武帝、唐武宗、一宗是指後周世宗。上述四位皇帝都是因為政治上面的需要，為了一轉社會矛盾，解決經濟問題才會實行滅佛。[79]

這幾次的法難，我們分析起來，唐武宗的這一次法難，是在國家大一統的時期，是中央與地方政府聯合行動，對佛教的影響及打擊都還要比其他三次滅佛運動的影響來得大，也更深遠。

中國歷史上的佛教，自漢代傳入中國之後，發展到唐代達到鼎盛。經過幾次法難之後，佛教的典籍大多被焚燒和散失，義理艱深的宗派，因為沒有了精神食糧而後繼乏力，最後也逐漸斷了香火。而不窮究義理，主張「頓悟」的禪宗成為唯一延續下來的宗派，其餘宗派無可避免地走向衰敗之路，當中包含佛教以外的「三夷教」(景教、祆教、摩尼教)也慘遭滅絕，從此銷聲匿跡。

79. 錢穆，《國史大綱》，第 21 章 3.4.5 節。有詳細解說，佛教傳入、發展乃至滅絕。

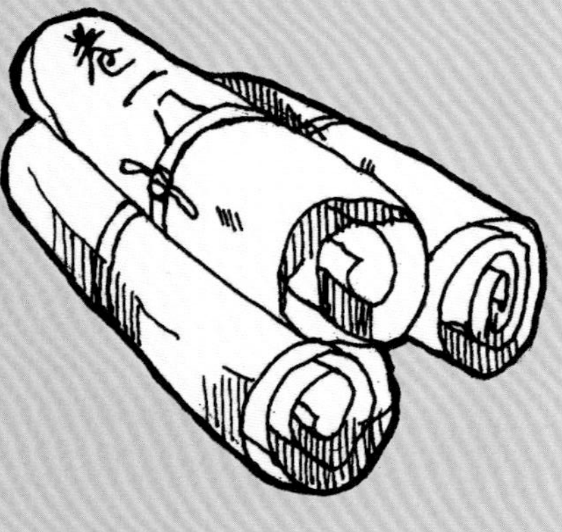

古代經濟學 - 鑄幣權的轉讓

在隋朝我們有介紹過置樣五銖，奠定了一個鑄造標準並讓各地方政府遵循鑄造，唐代強盛後將鑄幣權收回中央或官方的官爐鑄造，正因為這舉措造成唐朝有嚴重錢荒，直到會昌開元以後中央勢微開始管不住地方，只能授予鑄幣權給地方，地方借力使力藉由自有貨幣來壯大自身。我們就來梳理一下會昌法難發生的前後變化。

中央特許鑄造

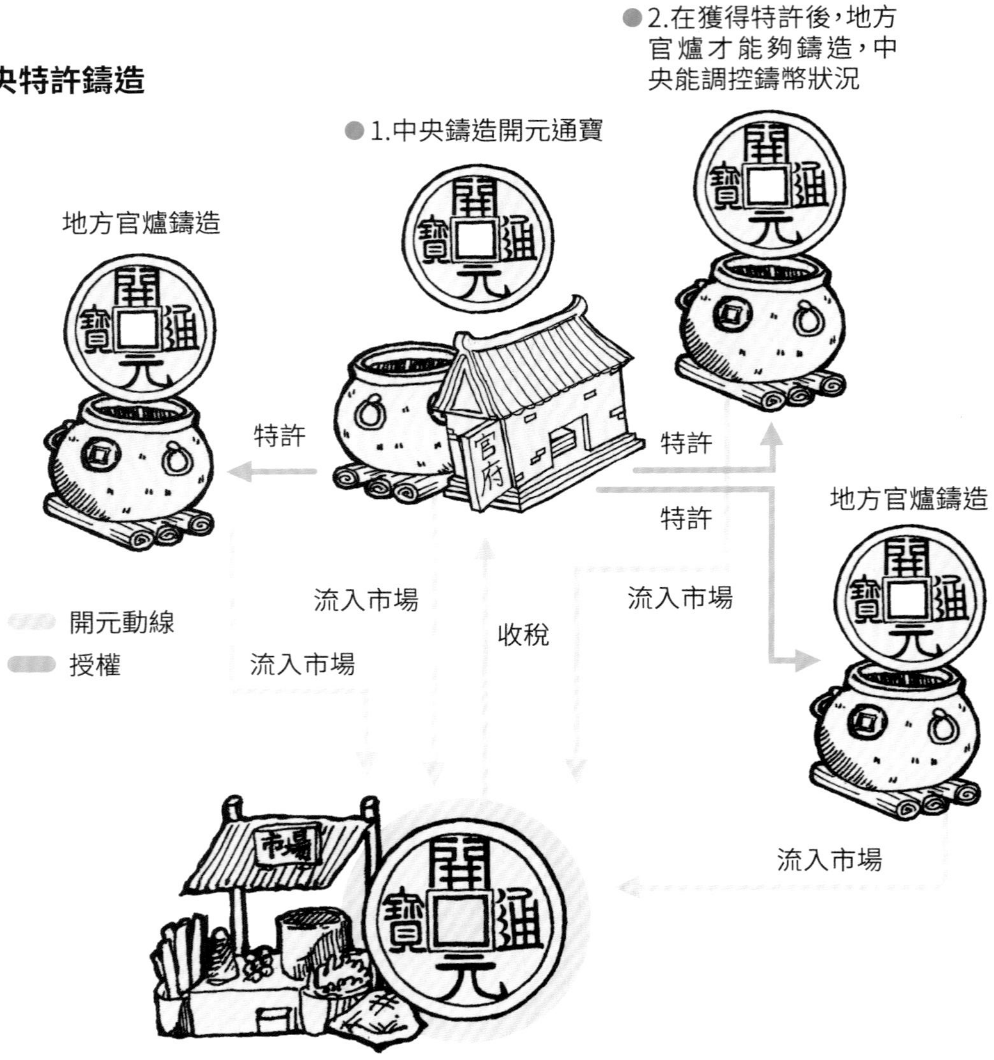

唐中央將權力收在己統一鑄幣，並特許少數地方官爐可以鑄造，實際權力仍在唐中央，就如同隋王朝的置樣五銖，只有藩王才能特許鑄造，這樣的好處是中央能夠隨時掌控貨幣的發行量以及調節市場對銅錢供需的問題。

會昌之後

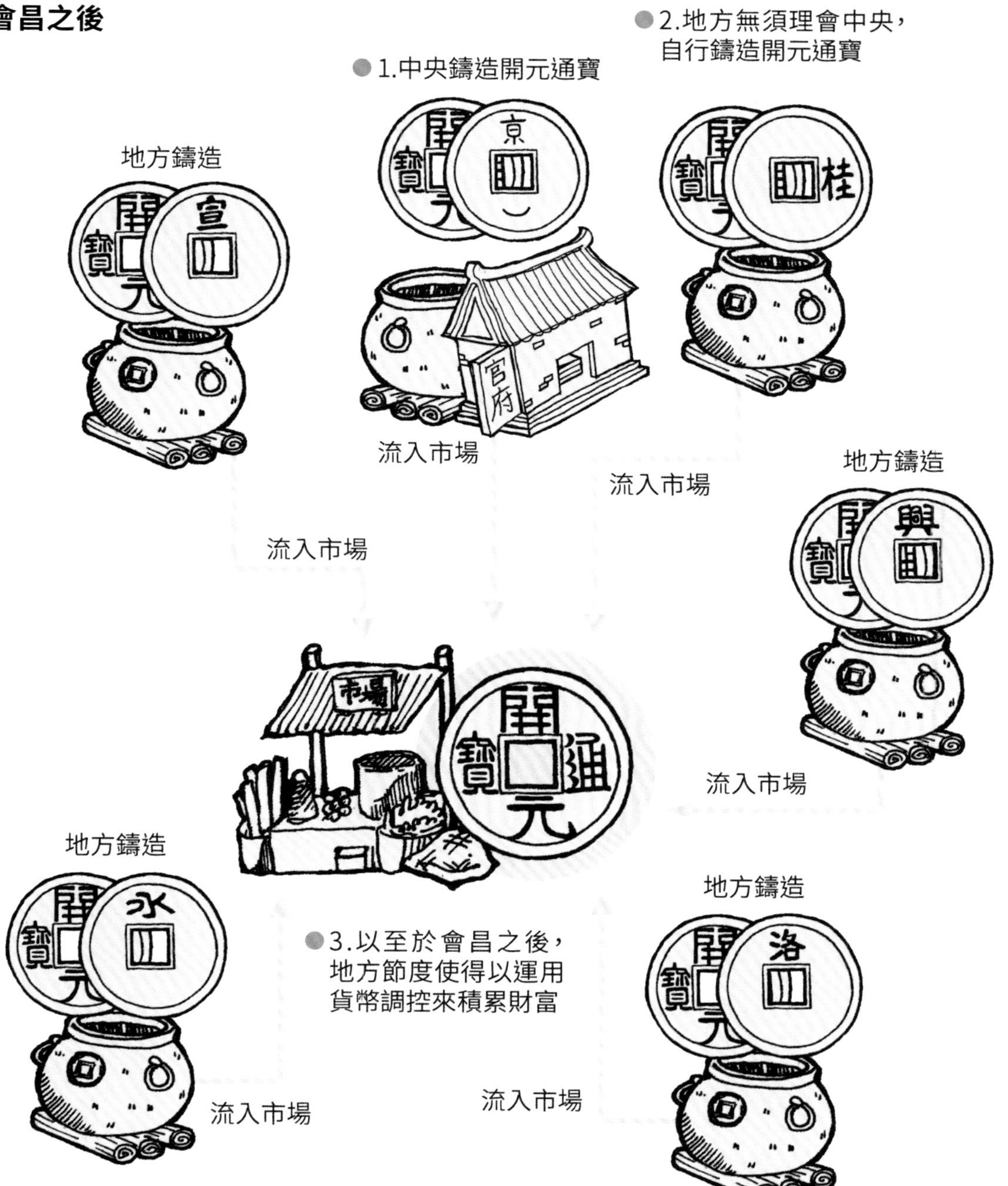

經歷會昌法難之後，大量佛像鎔毀鑄錢，各地方政府也可以名正言順的鑄造貨幣，配合唐中央去滅佛鑄錢，每個地方政府都加大火力不停地鑄錢斂財，在這樣的背景下，缺銅錢問題得以緩解，但同時地方政府開始富強了起來漸漸脫離中央控制。

錢出西域揭塵大唐 - 建中元寶 & 大曆通寶

考古學者 蒂埃里

失落的貨幣

大曆、建中分別是唐代宗與唐德宗的年號，但在唐代史料中都沒有鑄錢紀錄，然而大曆元寶及建中通寶最早的紀錄卻是出自於五代十國時期，由張臺所撰寫的《錢錄》，令人感到怪異的是書中稱無見識過錢幣實物，可見當時有錢幣通行的紀錄、傳聞，但如今所能看到的史料、書籍對於此兩種錢幣的相關描述多有錯誤，[80] 值得我們一探究竟。

自 1992 年初在新疆庫車地區新和縣出土大批大曆元寶、建中通寶等錢幣，發現者宣稱此大批銅錢出土於當地通巴斯什的一處唐代古城，大批考古當中還伴隨少數的開元通寶、乾元重寶，甚至是一些奇怪的單字錢。[81] 學者王永生整理近年來大曆、建中錢的出土狀況，發現新疆北部奇台地區、內蒙古南部和林地區、[82] 以及俄羅斯境內的米努辛斯克也有出土少數的唐代貨幣，當中包含有相當數量的大曆元寶、建中通寶，證實新疆地區有中原地區所沒有的貨幣，[83] 原先會認為銅錢應該是中原鑄造並透過貿易流通至絲路地區，這兩款錢幣的研究出爐，改變了此觀點。

不僅僅是庫車地區，周圍地區也有大量大曆、建中錢的出土，在新疆和田地區所出土的文書可以得知安西都護府與唐失去聯繫分別為貞元 6 年與貞元 8 年。[84] 當時的大唐內憂自顧不暇，無心出兵協防安西都護府，在周圍外族勢力的崛起，吐蕃及回紇反覆侵擾及併吞劫掠，失陷地區的西域軍民前往內蒙古和林地區避難，致使當地出現大量大曆、建中錢，歷年來多項考古證據指出新疆地區曾經是唐代鑄幣的區域，並且使用唐代官方所沒有鑄造的貨幣。

---

80. 王永生，〈大曆元寶、建中通寶鑄地考——兼論上元元年唐對西域的堅守〉，見於《中國錢幣》（北京：中國錢幣博物館，1983），頁 3。
81. 黃文弼，《新疆挖掘考古報告》，頁 11。
82. 載於《內蒙古金融研究》2003 年第 4 期的〈和林格爾唐代窖藏錢幣〉一文中有描述。
83.（法）蒂埃里，《一批伯希和發現的唐代貨幣》，又見薛宗正，《新疆奇台縣出土的中國古錢》，見《新疆文物》（北京：中國文物有限公司，1985），頁 5。
84.《敦煌文書》P3918 的 2 號文書當中的《佛說金剛壇廣大清淨陀羅尼經》。

吐蕃是中國藏族在西藏高原建立的地方政權，西元 7-9 世紀是強盛時期。 為了和唐朝爭奪絲綢之路貿易的控制權，早在唐太宗時期吐蕃就在河西及西域地區多次和唐朝發生衝突。當時唐朝國力強盛，曾有效地抵擋了吐蕃的進攻。但在天寶十四年（755）安祿山反叛後，許多邊境的精銳部隊都調至中原，投入對安史的作戰，吐蕃、回紇對於河西走廊、甘肅以西地區慢慢的蠶食鯨吞，數年後這些地方皆已改換胡虜的服飾，[85]〈安西大都護府條〉記載了吐蕃入侵河西及西域的情形，相當無力且壯烈的歷史。

安史之亂爆發，唐西北駐軍精銳東調平亂，吐蕃乘機攻佔河西、隴右，切斷了西域守軍和唐中央的聯繫，使得這段故事就此展開，故事發生在庫車古現在稱為龜茲，唐代又稱安西，是唐朝經營西域的政治、經濟、軍事中心——安西都護府所在地。大曆元寶、建中通寶等錢幣歷年出土中發現完全都集中於這一地區，特別是 1992 年 3 月中旬一次出土即多達 3000 多枚，這說明它們應該是在庫車地區鑄造的，[86] 流通使用亦應僅限於庫車及附近地區。證明了唐代安西都護府、北庭都護府的西域守疆。

85.《舊唐書》:「邊兵精銳者皆徵發入伍，所留兵單弱，胡虜稍蠶食之，數年間，西北數十州相繼淪沒，自鳳翔以西，頒州以北，皆為左社矣。」
86. 王永生，〈大曆元寶、建中通寶鑄地考——兼論上元元年唐對西域的堅守〉，頁 5。

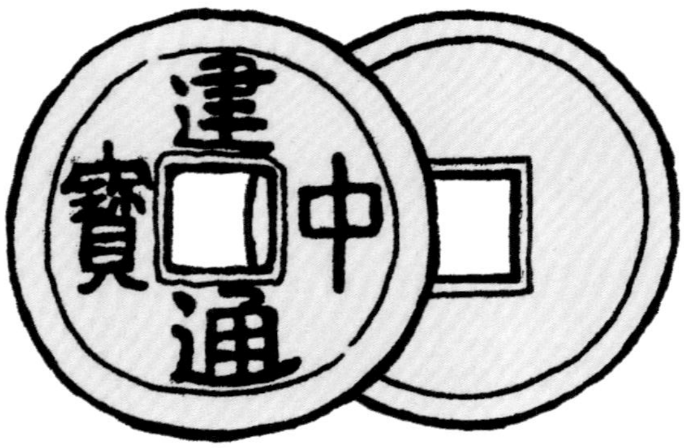

建中通寶

直徑 : 24 mm
重量 : 2.5 g

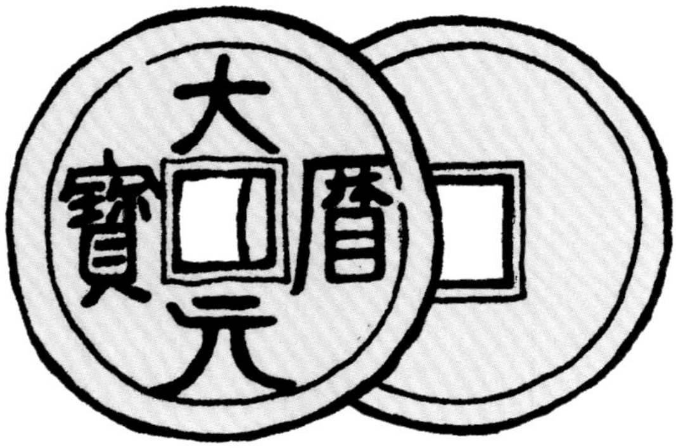

大曆元寶

直徑：24 mm
重量：3 g

大唐歸義軍 - 龜茲五銖 & 省文錢

從大曆七年（772）開始，唐代宗原以為河西、安西、北庭等地皆已盡失，心中無望也無閒暇顧及。突然一位穿著獨特的男子從西域遠道而來請求晉見，這位男子正是都護府的士兵，因路途遙遠且危險，隨行成員早已死傷大半，只盼有朝一日能夠回歸大唐。

唐代宗聽聞這名男子說安西北庭督護府仍尚在，心中感動萬分，遂賜下獎賞以茲鼓勵，[87] 並賜下著名的《喻 安西北庭 諸將制》，[88] 原已到大唐的這名士兵，接到聖旨就匆忙啟程返回河西。[89] 然而唐中央分身乏術無法派兵打通河西走廊，盼望西州將士仍能繼續為大唐鎮守邊疆。過了許久直到建中年間又再度的遣使來訊。[90] 但好景不常，安西北庭日漸困難與乏力，從原本的回歸大唐，變成在外族間求存。唐中央實在無法給予援助，遂於貞元年間被外族入侵遭致陷落。[91] 而這些孤守邊境的忠義之士們與塵土一同封存在歷史的記憶裡，在歷史長河中逐漸退去。

我們如今所見的大曆元寶（史料稱大歷元寶）、建中通寶歷來眾說紛紜，史料並無詳細記載或是直接證據。《中國貨幣史》提到大曆、建中錢過往鑄造不精，甚至是認為跟私鑄錢相近，當時錢賤銅貴，民間皆鎔錢鑄銅器，又怎麼會銷器鑄錢？這樣說來又不符合常理。[92] 雖在史料曾有記載大曆、建中年間有鑄錢紀錄，但無法確定是誰所鑄，也無法清楚分析或直接證明此段歷史。[93] 學者彭信威也強調一個重點，當時因銅價甚高，就市場對於貨幣的接受度問題，推斷不太可能為新型錢文（新發行的錢幣），大部分鑄造紀錄皆指向為開元通寶，才是經濟實際選擇。

87.《舊唐書》：「（大曆七年）八月庚戌，賜北庭都護曹令忠姓名曰李元忠。」
88. 見《全唐文》、《唐大詔令集》皆有記載：「……國朝未暇襲遠，置於度外，……義烈相感，貫於神明，各受方任……說令忠等憂國勤王，誠徹骨髓，朝廷聞之，莫不酸鼻流淚，而況於朕心哉……以答西州賢士大夫忘身報國之誠，遣詔諭意，非一二所能盡也。」等語。
89. 榮新江《歸義軍史研究》（上海：上海古籍，2015）
90.《唐大詔令集》：「初，李元忠、郭昕為伊西北庭留後，隔絕之後，不知存亡，至是遣使歷迴紇諸蕃入奏，方知音信，上嘉之。」
91.《新唐書》：「貞元三年，吐蕃攻沙陀、迴紇，北庭、安西無援，遂陷。」
92. 彭信威，《中國貨幣史》，頁 216。
93. 見《代宗實錄》、《新唐書》卷 54《食貨志》皆有當時鑄錢之紀錄，但仍無法得知其鑄造為大曆、建中錢，與許加鑄開元之錢。

敦煌藏經洞

大唐歸義軍的故事被記載於敦煌石窟的藏經洞，[94] 直到近年來這個藏經洞才被發現，敦煌石窟共有超過 735 個洞窟，散落在敦煌，故事發生於清朝，一位道士名為王圓籙，雲遊四海在莫高窟住了下來，並藉由修復莫高窟以及對外推廣，莫高窟香火越來越旺，寺廟業務越做越大的王圓籙，請了助手來幫忙。某日他的助手在第 16 窟的牆壁旁磕煙鍋頭，聽到有空洞回音，並告訴了王道士，二人於是半夜破壁探察，發現了北側壁上的一個小門，塵封的密室擺有大量的佛教文獻及法器，還有以西域和非官方的視角記載大唐、五代、宋的故事，這正是藏經洞，這些文獻資料量大到成為現今的一個學科，專門在做敦煌研究。也因為這個巨大發現，才能知道歸義軍的故事，揭開這塵封的歷史記憶。[95]

94. 馬世長，《藏經洞的封閉與發現》，北京：《文史知識》1988 年。
95. 王冀青，《藏經洞文物的發現與流散》，北京：《文史知識》2016 年。

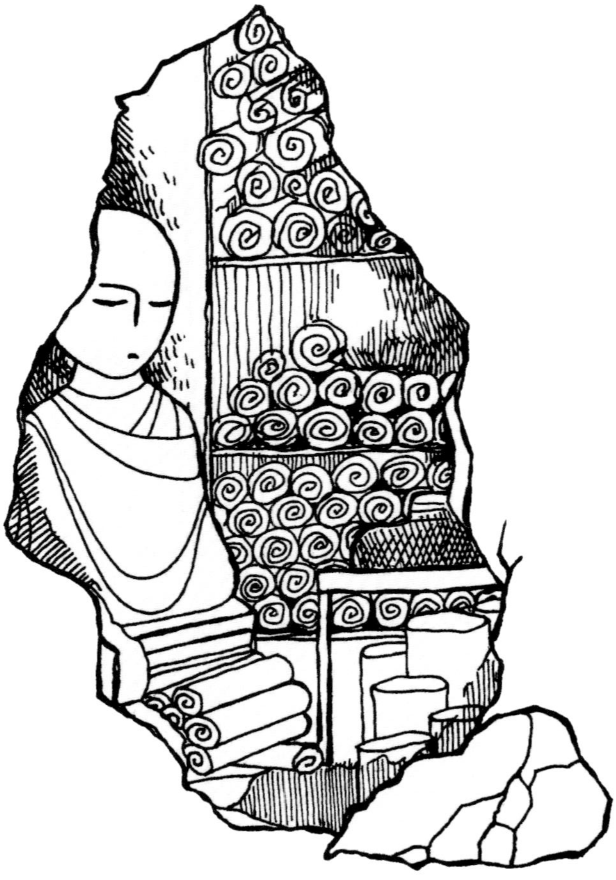

藏經洞位於第 16 窟牆後

省書錢文，西域通貨

究竟西域錢幣是中原來的或是當地鑄造？這是很重要的，因為這決定了一個政權的合法性及存在意義。學者王永興證明了西域有鑄造大量錢幣的紀錄，這條信息記載於「瓜州尚長史採礦鑄錢置作」，[96] 明顯地說明了在大曆年間，西域唐守軍的確存在自行鑄幣的行為，文書中最終說到「數年興作，量憚力盡，萬無一成」等語，實實在在的顯示其鑄造錢幣的艱辛，以及其規模不會太大的事實，這些大唐孤軍鑄造錢幣的歷史是真實的故事，無庸置疑。一個政權要鑄造貨幣並流通出去，是需要一定程度的國力及社會規模，我們也能從貨幣的品質推敲出當時的國家狀態。

接著來說說出土中所發現奇怪的單字錢，如元字、中字錢，錢幣上就只有一個字，其他都沒有。這是非常特別的狀況，因為此錢的錢文上與大曆、建中錢存在巨大差異，但鑄造工藝上卻是有相似之處與缺陷，例如用同種方式鑄造都會產生的瑕疵等……，歷來學者與泉友為此所苦惱。有學者提出這是因為後期戰事吃緊所出現的減重或濫制行為，是應急下的特殊產物，但這樣的說法並不是那麼可靠，因為自開元通寶鑄行以來，即便銅錢減重十分嚴重，但錢文（錢幣上的文字）是絕對不會省略來減重，因為錢文象徵錢幣的信用地位，如果極端的減少錢文，會使得貨幣信用地位急速崩潰，對於安西督護府的經濟是致命的，那這樣就只有一種可能，也就是西域固有的文化——省書。

96.《敦煌文書》P2942 號的《唐永泰元年——大曆元年河西巡撫使判集》的第 153-157 行。

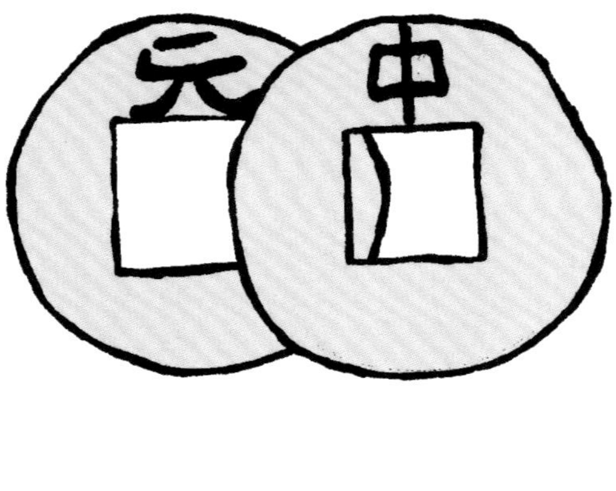

省文錢（元＆中）

元字錢和中字錢，數量上要比普通的大曆元寶和建中通寶稀少很多，知道的人也並不多。錢幣只有一個字在正面上方，且錢幣沒有內外郭加厚。

學者王寧在其文章《「元」、「中」單字錢之屬性》[97] 中談到自南北朝以來，新疆庫車地區長期流行一種被稱為「龜茲五銖」的銅錢，其銅錢形制是模仿漢五銖錢文，但錢幣形狀非常輕薄短小，背後卻印有龜茲文字，在這種錢幣流通下，造就了另一種錢的出現——無文錢，這種錢並不是私鑄錢而是官方錢，保有五銖錢特有的樣式——廣穿狹肉(錢幣的邊緣會較厚)。然而元、中單字錢似乎與這樣的文化習慣有相當大的關聯，這種錢幣的使用也恰恰記載於玄奘所撰寫的《大唐西域記》其中所提到各式無文小銅錢，從中得知大唐初期在西域貨幣流通的狀況與商業上是如何使用無文錢的，由此推敲無文錢和省文不是私鑄，而是土著錢幣使用習慣。

97. 王寧，〈「元」、「中」單字錢之屬性〉，《內蒙古金融研究》2003 年第 4 期。

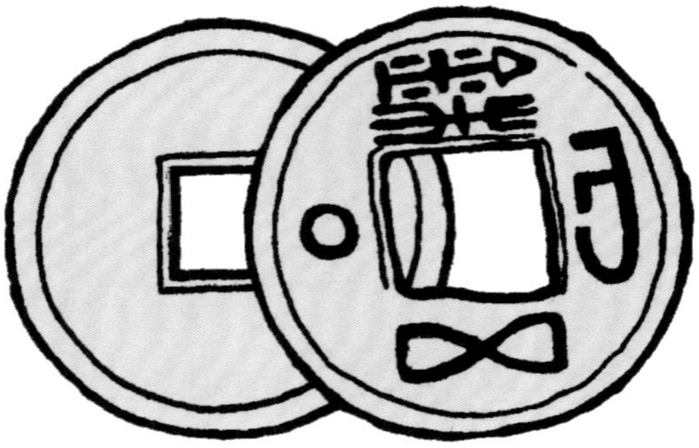

龜茲五銖

直徑 : 16 mm
重量 : 1.8 g

錢幣寫真 P.163 頁，A14

龜茲五銖上紋飾之謎

根據北京故宮龜茲五銖錢考研究 -2022 年第二期，左邊的圓形符號代表五十錢，在犍陀羅出土的古代銀幣中，有打印兩個圓形戳記的長條銀幣是薩特馬納錢（百錢），因而單圓形為五十。至於右邊符號為闐塞語銅錢的意思，合起來就是銅錢五十文或是一當五十。

元、中單字錢大小和重量已經逼近於乾元重寶的尺寸，因為乾元重寶最初發行是為了當大錢使用與開元通寶並行，自然尺寸重量也會較突出，竟然鑄造這麼重的單字錢，顯然並不是私鑄錢這麼簡單的問題，再者私鑄者沒有必要在無文錢上增加成本多刻一字，或在舊有的無文錢上補鑄一字，都無法說明其為私鑄錢。而不鑄四字僅鑄一字的原因應為方便流通，利於被社會接納，自從大唐在西域、河西走廊地區相繼失陷，唐政府在西域快要沒有立足之地，僅存安西、北庭，這兩區卻也是漢化最少的地區，當地龜茲土著人通曉漢文者隨時間日益減少，恐日漸消亡，能參與鑄造的龜茲工匠能寫漢字的肯定更少，甚至是沒有了，因此筆者做出這樣的判斷。

另一個可能性是後世取代安西、北庭都護府的外族政權或豪強，他們依循錢幣上有的錢文的形制去鑄錢，但按照西域人習慣去鑄造銅錢樣式，這樣深厚的背景使然下，無文大錢成為取代唐錢的樣式，也變成地方政府自鑄貨幣的範本，中字即為建中通寶的省書，而元字錢為大曆元寶的省書，都恰恰說明西域鑄錢的異樣風華。

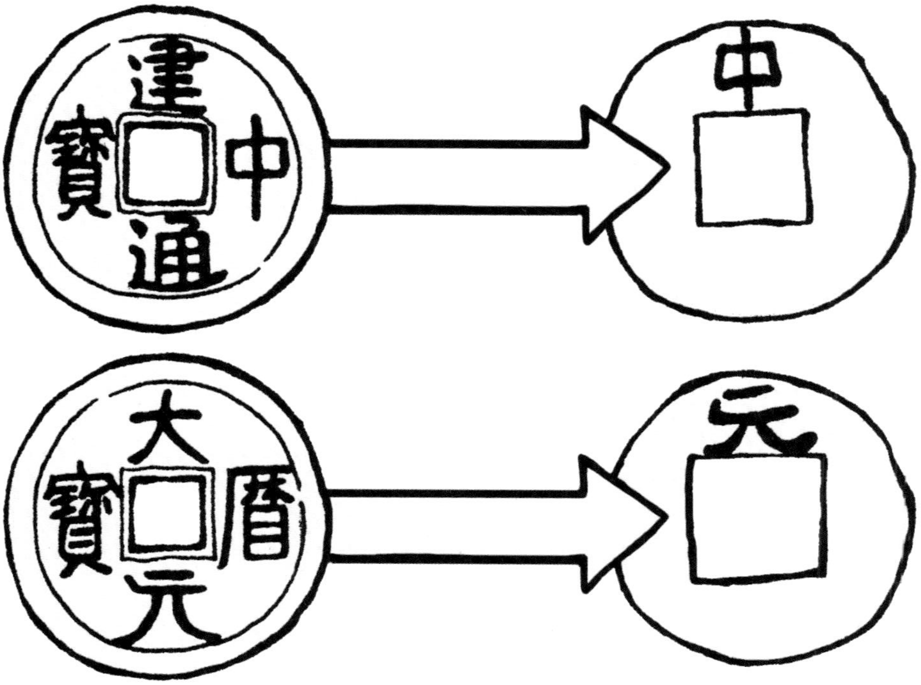

古代經濟學 - 複雜的貨幣對價

安西北庭督護府所控疆域非常遼闊，向西延伸甚至到吉爾吉斯、烏茲別克，向北到烏魯木齊，緊靠波斯薩珊王朝和貴霜王朝。有一定程度貿易的可能，貨幣流通上除了省文錢、龜茲五銖、大曆元寶、建中通寶、無文錢還有希臘銀幣，這些貨幣間的對價如今難以得知，但能確定的是當時並沒有統一的貨幣進行對價，在這麼混亂的貨幣系統下，民間更依賴於以物易物或是貴金屬的交易，糧食及布帛等會成為衡量兌換價值的依據。

貿易者所攜帶的貨幣也是個學問，假如你攜帶的是一般銅錢（如：建中通寶）到它地貿易，其他地區的政權與人民並不認可這貨幣的價值，只當作是一塊小破銅，以至於貨幣失去原有的價值，所以長途貿易大多是以物易物或是用貴金屬，像是金銀，這類型的貴金屬是被一般大眾所認可有價值的，這也是遊牧民族更喜歡使用金銀的原因。在本地交易中，因為大量交易的需求較有可能出現銅錢及該政權鑄造的法定貨幣。

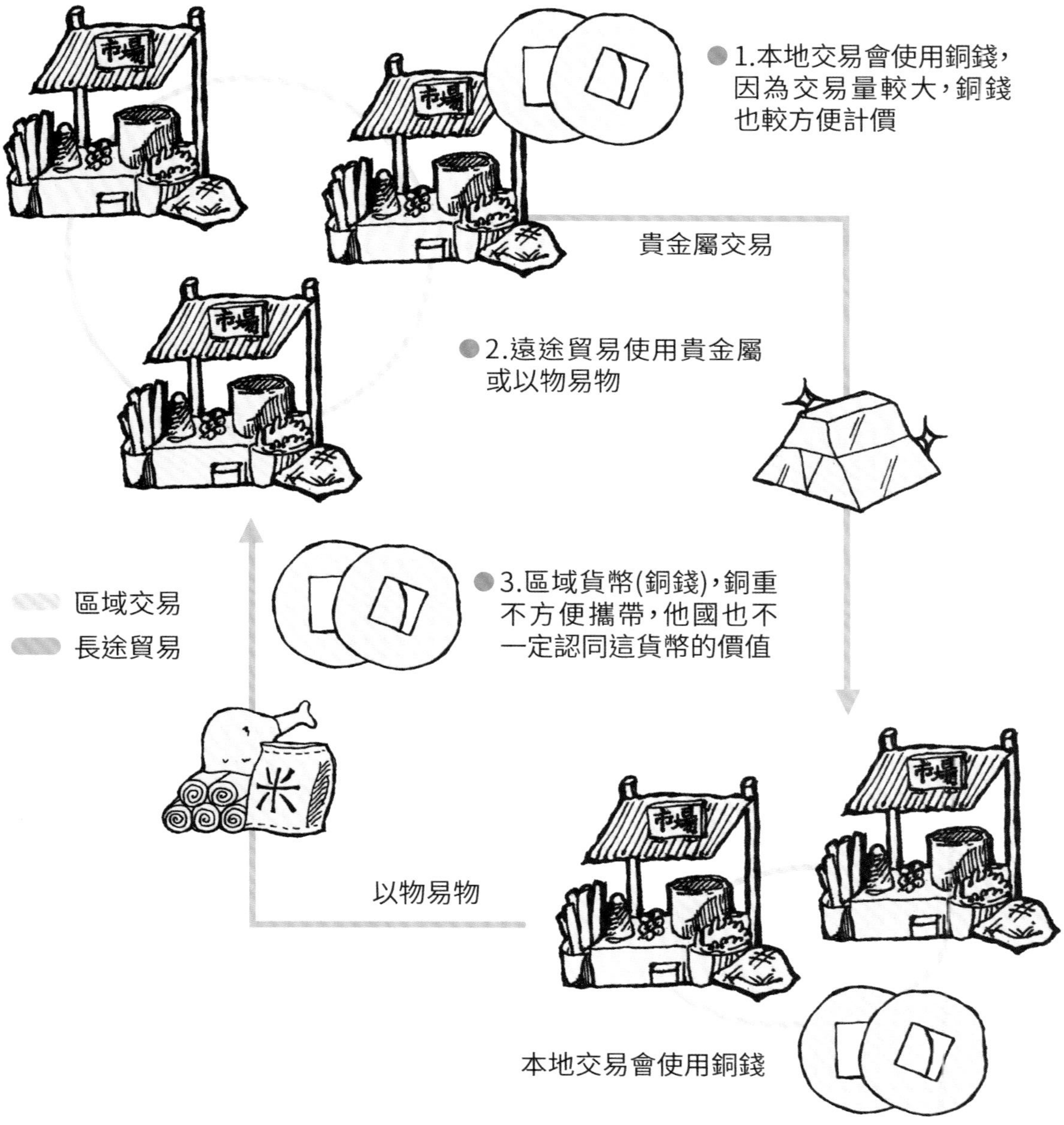
1.本地交易會使用銅錢，因為交易量較大，銅錢也較方便計價
貴金屬交易
2.遠途貿易使用貴金屬或以物易物
區域交易
長途貿易
3.區域貨幣(銅錢)，銅重不方便攜帶，他國也不一定認同這貨幣的價值
以物易物
本地交易會使用銅錢

晚唐失序的貨幣系統 - 雜亂的開元通寶

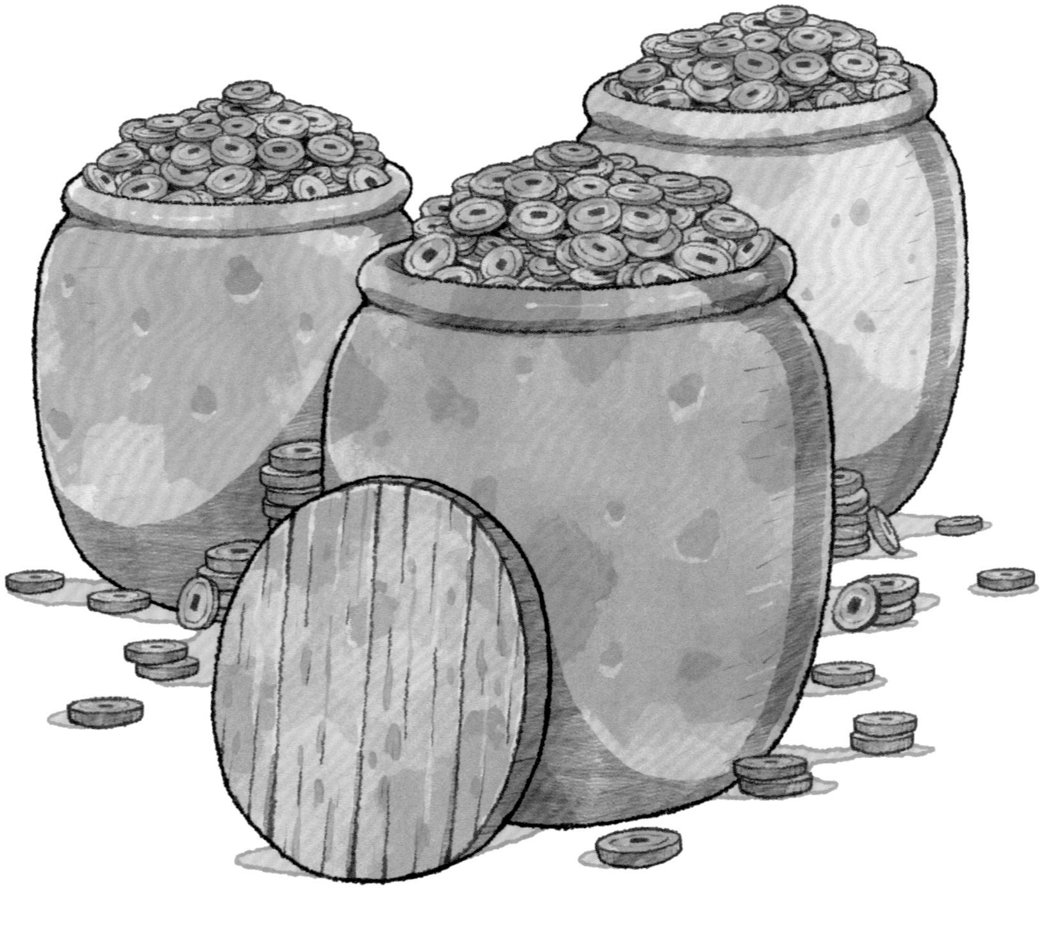

唐代經歷了一百多年下來，最奇怪和最嚴重的問題，竟然是缺銅錢，在這強盛的外衣下，居然沒有錢可用，這是一個十分特別的社會現象。這現象一直困擾著唐帝國，也嚴重影響國家稅收。儘管多位皇帝有試圖解決私鑄及錢荒問題，仍然失敗收場，在此筆者歸納出兩個造成缺銅錢的主要原因：

第一點：官府對於私鑄的強勢打擊。唐皇帝對於民間私鑄錢有積極作為，老百姓因為害怕受到刑罰而將私錢、官錢皆一併交予官府，雖是有達到唐政府最初的目的，但意外使得江淮地區無錢能用，在無錢的情形下，糧食成了重要的貨幣。大量回收銅錢後，官府鑄錢的速度仍跟不上民間需求。

第二點：唐代的銅價居高不下。自唐玄宗開元年間，唐政府就有感於銅價不斷攀升，並減少銅錢的鑄造量，再加上江淮地區開始出現鎔銷銅錢中心，他們透過鎔銅錢來取得銅料，鑄造銅器來販售獲利，原來就已經缺銅錢的唐朝更加雪上加霜。開始出現非銅金屬錢在市場上，或是其他材質貨幣。

時間推進至晚唐時，大量商販貿易需求，使得銅錢缺乏更加的嚴峻，唐憲宗時，唐政府開始發行匯兌的紙鈔——飛錢，試圖解決銅錢不足的困境，這是官府的暫時性手段，這樣的兌換方式是「便換」，[98]讓商人不需要攜帶大量的銅錢，簡單運用紙幣來進行交易，再利用紙幣兌換面額同等數量的銅錢，但這樣的措施並沒辦法有效解決銅錢嚴重不足的問題。[99]

---

98. 唐代的一種錢幣匯兌方式，指的是商人至京城將錢交予各道駐京或各節度使機構，換取票券，離京前再憑券向機構取款，此法持續至宋代，參自《舊唐書·食貨志》和《宋史·食貨志》。
99. 彭信威，《中國貨幣史》，頁 290-291。

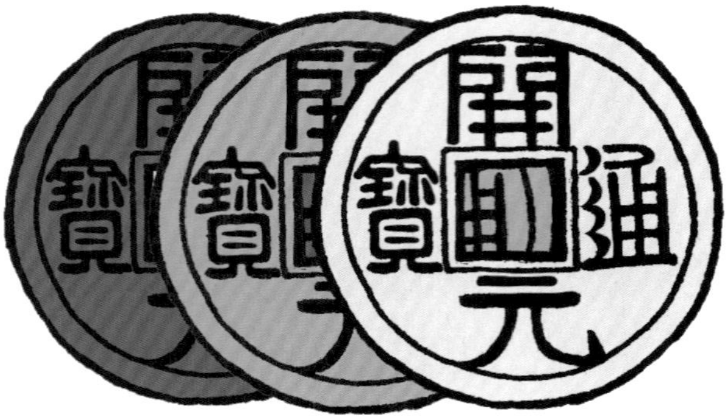

鉛錫鐵銅 開元通寶

直徑：20~24 mm
重量：1~3 克（品質不穩定）g
價值：一枚為一錢，十枚為一兩

中央朝廷被缺銅搞得焦頭爛額時，許多地方節度使（地方政府）因為銅錢不夠，中央也無力控管，於是自行鑄造鉛錢、鐵錢，可以用來跟銅錢兌換，當地節度使各自立法規定鉛、鐵開元錢價值與銅錢 10:1 兌換，[100] 對於朝廷中央而言這些地方政府鑄錢仍是私鑄錢。節度使濫製的鉛、鐵錢氾濫，最終，迫使唐政府意識到這個問題，下令禁止鉛錢。[101]

如此缺銅以及品質不一，老百姓不愛用，於是民間開始大量使用白銀黃金作為流通貨幣，然而也是因為兩稅法初期限定繳納銅錢，到了中後期因為缺銅以及短陌（80 枚銅錢）等問題，政府配合人民習慣因而開放白銀支付稅捐，用白銀的成色重量去計價。同樣的因為唐代的北方銅礦經歷漢魏晉時代的消耗，銅存量已經不多了，已然出現枯竭之情況。[102]

100.《新唐書》：「郁又教殷鑄鉛鐵錢，十當銅錢一；民得自摘山，收茗算，募高戶置邸閣居茗，號「八牀主人」。歲入算數十萬，用度遂饒。」
101.《新唐書》：「 十二月戊辰，（唐）禁用鉛錢。」
102. 彭信威，《中國貨幣史》，頁 260-262。

金銀流通，貨幣可用

金銀貨自春秋戰國以來，就出現在當時人民的生活中，如當時地處遠離中原的楚國，就是使用楚金版作為貨幣，而且是象徵身份地位的貴金屬。然而此時中原地區不使用黃金作為貨幣，從黃金流通分布可以發現使用的地區皆是偏離中原的區域，游牧民族所在的草原更是黃金使用的重點地區。

魏晉南北朝時，游牧民進入中原生活圈中，加上戰亂的影響，使得中原大地人民開始運用金銀去做日常貨幣流通，許多北朝的墓葬群中還出土了許多金銀貨，甚至有金餅的出現，金銀成為當時人們日常生活的一環。

楚金版
春秋晚期到戰國末期的黃金稱量貨幣，鑄行於楚國。金版的形狀多為版形，亦有餅形，多帶有鈐刻文字。楚國盛產黃金，當時就有「黃金珠璣犀象出於楚」，鑄好的整版金子會鑿下來一小塊用於賞賜，而大多數的楚金都被切成小塊狀流通，能有完整戳記十分稀有。

唐初時，太宗皇帝認為開放金銀流通是惡政，[103] 更是捨本逐末的行為，不斷的宣導金銀並不是貨幣，唐元和時期的詔令曾說：「銅者，可資於鼓鑄，銀者，無益於生人。」可見唐政府並不認為金銀可以做於貨幣，唐代的律政書《唐六典》也說：「金銀之屬謂之寶，錢帛之屬謂之貨。」皆是實實在在告訴人民不可以使用金銀進行流通。

政府的禁制與安史之亂對冶銀礦坑的破壞，使得中唐時期，金銀流通的發展出現百年的停滯，唐朝的皇帝們皆是以銅錢與大量的經濟政策來挽救唐代缺銅的問題而非使用金銀貨，但這些政策皆失敗告終，使得金銀貨出現復甦，人們因著轉亂的緣故，不再相信銅錢的公信力，甚至是將銅錢換成金銀，以埋藏的方式進行儲存，這是中唐以後開始出現的窖藏金銀。

晚唐時，因為經濟的蓬勃發展，商人們開始抬頭，此時需要更多貨幣來攜帶與使用，但偏偏唐朝最缺乏銅錢，使得商人們開始鼓鑄並攜帶金餅與金鋌去做大量資金的交易，金銀貨具備價值高且易攜帶的特性，在晚唐金銀貨大規模的被商人使用，唐政府因為銅材的缺乏默許這樣的行徑，更可以說是無力阻止，這樣說明了銅錢的貨幣地位，已被私鑄錢、飛錢、金銀等取代，這樣經濟型態的改變，象徵國家公信力的喪失，各地方節度使因而各霸一方，朝廷失去了對各地方的控制權。

---

103. 楊心珉，《錢貨可議：唐代貨幣史鉤沉》，頁 190。

漢代金餅
漢代金餅其形如圓餅狀，面略凸起，有滴鑄而就產生的不規則空洞，背為凹下，素面有冰裂紋現象。金餅在當時，一般不作流通使用，只是作為窖藏、賞賜、饋贈、進貢、贖罪等用途。

南宋金鋌
一般來說南宋的金鋌上方銘文較為單純，僅有表示成色、金銀鋪名或是工匠名。當時在京城臨安有一百多家金銀鋪，非常競爭，且會在金銀上標示"十分金"意思是成色，及匠名展現店鋪的聲譽。

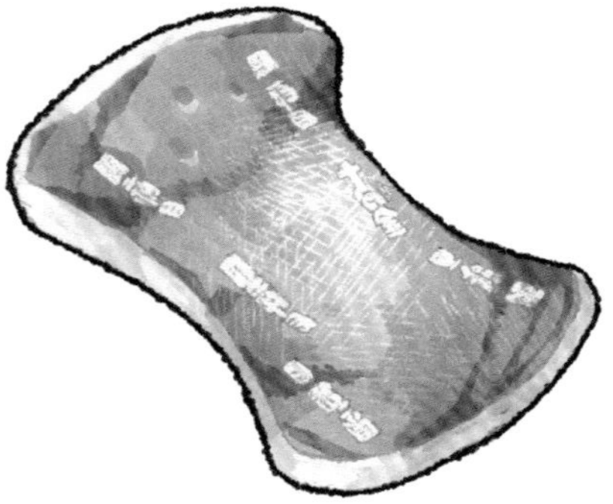

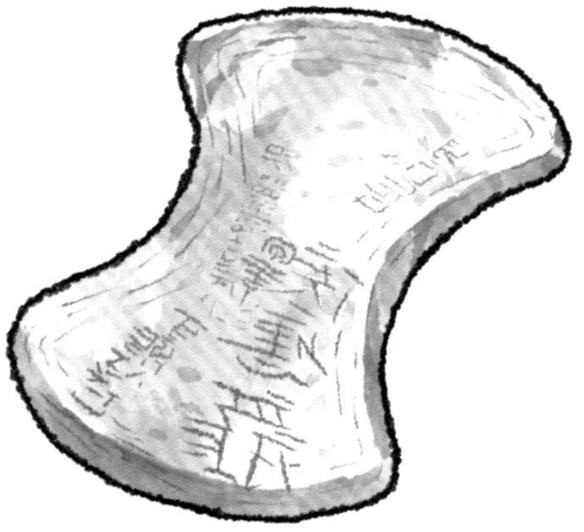

南宋銀鋌
這時期銀鋌多半重 12 兩半 (約 500g) 或 25 兩 (約 930g)，雖說銀鋌上有重量戳記，但實際測量重量仍相差很大，北宋經歷靖康之難後，經濟重心轉向南宋，南宋的百工經濟及貿易開始興盛，因此有越來越多貴金屬貿易的需要及金銀鋪的出現。

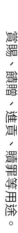

隋末天下大亂，各種朝代貨幣及爛錢又再度流通。民間甚至退回以物易物，期待新的貨幣能解決這尷尬的局面。直到開元通寶的出現，吸納置樣五銖的技術，再度解決了貨幣亂世。

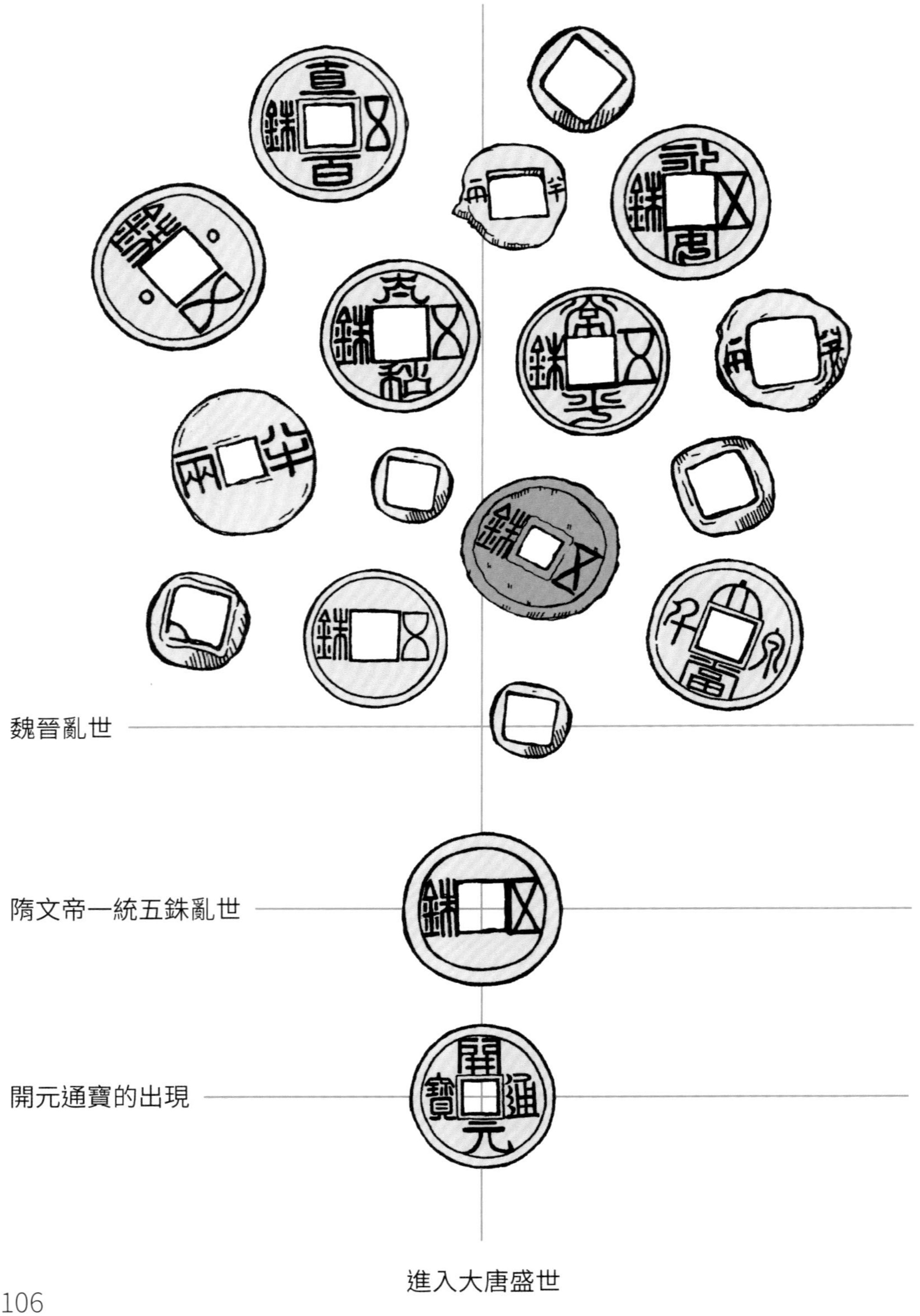

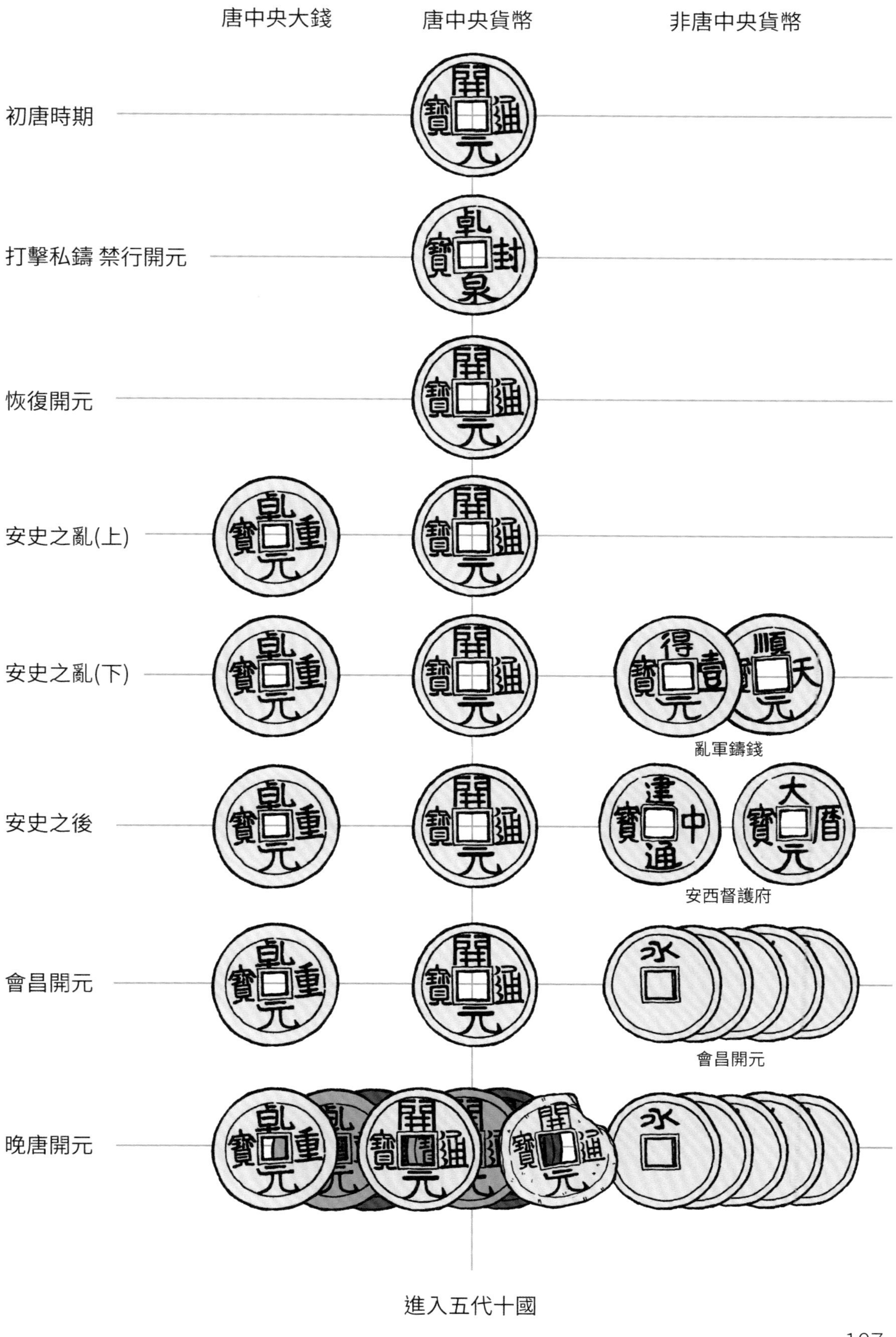

唐中央大錢
唐中央貨幣
非唐中央貨幣
初唐時期
打擊私鑄 禁行開元
恢復開元
安史之亂(上)
安史之亂(下)
安史之後
會昌開元
晚唐開元
亂軍鑄錢
安西督護府
會昌開元
進入五代十國

朱溫篡唐，迎來五代

唐僖宗中和四年（884），歷經九年的黃巢之亂終於落下帷幕，災難後的大唐早已虛弱不堪，猶如一個外強中乾的巨人，為了早日結束戰亂，大唐對多位節度使軍閥許下重諾，使得原本就難以壓制的地方節度使，權力大到讓大唐失去對他們的掌握，近乎失控，大唐朝廷在地方早已成為虛有其表的代名詞，等待著一個人來戳破這個最後的太平美夢。

此時有兩位梟雄軍事權力達到鼎盛，一位是為南下平定黃巢亂事的沙陀人李克用，帶領著河東軍事集團，另外一位是黃巢將領朱溫，帶領宣武軍事集團，彼此的征伐爭鬥，奠定五代亂世的基本規模。而五代的梁、唐、晉、漢、周，乃至北宋，皆出於此兩大軍事集團，而朱溫成為首個出頭嚐鮮皇位的人，在唐天祐四年 3 月逼迫唐哀帝禪讓給自己，建立梁朝，改元開平，結束了唐朝兩百八十多年的統治，拉開五代的序幕，五代十國也是歷史上政權更替頻繁時代，也是貨幣史上絢麗而精彩的年代，許多中國五十名珍的貨幣皆出自於五代十國。

究竟何為五代？在大割據時期，最壯大的強權成為領頭羊並被史學家們給定義為 " 代 "，五代分別為梁、唐、晉、漢、周，它們主要佔據沃土中原，後來怕和之前的朝代混淆於是都在國名前加上後字。而十國則為周遭較弱小的國家，會依照當時的局勢去和強權們屈服或選擇對抗。[104]

五代：後梁、後唐、後晉、後漢、後周。
十國：吳、南唐、吳越、閩、北漢、前 / 後蜀、荊南、楚、南漢。

104. 五代一說起於北宋，北宋建隆年間，宋太祖趙匡胤以大臣范質將梁、唐、晉、漢、周等實錄，三百六十卷刪取其要，編成書，名為《五代通錄》，爾後王溥奉命編修《五代會要》皆以「五代」來稱這五個朝代，直至薛居正監修國史，以上述《五代通錄》為本，確認「五代」一詞的使用；而十國之說是源自大文豪歐陽脩的《新五代史》並將吳、南唐、前後蜀、南漢、吳越、南平、東漢（北漢）等列入十國世家，由此「五代十國」定調。

五代十國圖

朱溫篡唐後，諸多地方藩鎮不服，拒絕承認正統性，至此進入割據的時代。地圖中的節度使為曾經受大唐分封的地方政權，有些仍遵奉中原為正統，有些早已立國並有國號，脫離中原的控制。前面所提到的歸義軍也因為被回鶻切斷連接中原的道路，大唐已不復存在，中原地區各強權爭奪，也無心顧及河西之地，留下孤立無援的歸義軍鎮守瓜、沙兩州。

五代

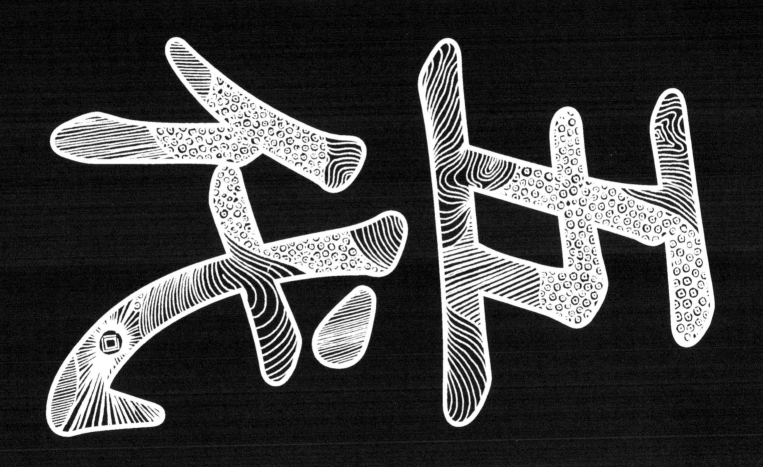

後梁竄位，開平始亂

梁太祖 朱溫

朱溫篡唐建立後梁，在位時十分重視經濟發展，下令兩稅法之外的稅都被減免，[105]且因連年征戰，民不聊生，也能藉此獲取民心。朱溫雖篡位稱帝，但是各地區仍是割據的局面，其中李克用的河東軍事集團跟後梁打得不分軒輊，朱溫在位時間六年就被庶子朱友珪刺殺，因朱友珪認為朱溫會將太子之位傳於其他兄弟，於是先行動手將朱溫殺害，而第四子朱友貞得知父親被殺，立即率兵征討朱友珪，朱友珪不敵也遭誅滅，最後朱友貞趁此次混亂，迅速脫穎而出並掌握權力。[106]

稱帝後的梁末帝朱友貞與河東軍事集團激戰近十六個寒暑，最終在大戰中敗走，朱友貞於汴梁（今河南開封）自焚而死，李存勖以復興唐室為號招建立後唐政權，定都於洛陽，名義上延續大唐在中原的統治，為後唐莊宗。至此，中華文化圈諸藩國皆臣服，後唐莊宗李存勖成為長城以南公認的唯一皇帝，使得南方諸藩國深感恐慌，認為後唐很快就會兵鋒所指，迅雷之勢派大軍來南方。此時滿目瘡痍的中原大地迎來短暫的和平，李存勖向各地節度使宣告唐王朝再次的復甦，讓各方節度使諸藩鎮皆遣使來後唐朝拜。

105. 唐末節度使於各藩鎮常強徵各種附加稅。

106.《舊五代史》：「末帝，諱瑱，初名友貞，及即位，改名鍠，太祖（朱溫）四子也……，庶子友珪弒逆，矯太祖詔……誅友珪……即位於洛陽。」

小知識

朱溫與黃巢之亂

黃巢之亂是唐僖宗時期，私鹽商人黃巢為首的民變，是唐末民變中，歷時最久遍及最大，曾攻入長安城，僖宗皇帝逃入四川，此次叛亂導致唐末國力大衰，加速唐朝滅亡。朱溫早年加入黃巢軍，反抗朝廷屢立戰功，很快升任大將。後來攻打河中屢戰屢敗，深怕會被責罰於是直接叛變降唐，受以宣武軍節度使，並替大唐擺平黃巢之亂，後來進而有篡位的雄心。[107]

107.《舊五代史》：「唐僖宗乾符中，關東荐饑，群賊嘯聚。黃巢因之，起於曹、濮，饑民願附者凡數萬。帝乃辭崇家，與仲兄存俱入巢軍……。」

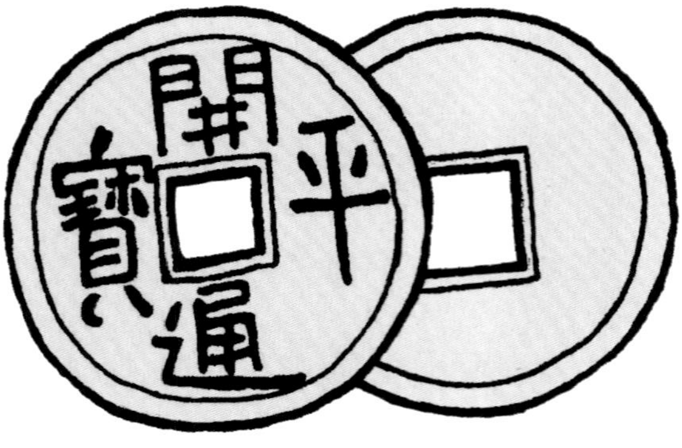

開平通寶

直徑：34-41 mm
重量：20 g
價值：無確切的史料記載

在這麼短的亂世時期，朱溫也有鑄幣，五代頭一個開平通寶大錢，不見於史料記載，數量也僅存 3 枚，寧夏吳忠地區有出土 3.4 厘米大錢，為後梁朱溫開平年間所鑄之錢幣，也是五代錢幣第一名珍。然而泉錄有記載另一枚開平元寶，不論是開平通寶或開平元寶，有些學者認為此錢的真假仍是存疑[108]，再加上毫無史料的佐證及出土數量十分稀少。

在此筆者有不同觀點做分享，從史料方面推論，開平錢稀少出自幾個原因，一是後梁立國後，抓襟見肘實在窮困，路上遭遇突有之財，即為天意而收為己用。[109]而各地進獻之物更能顯示後梁政權之窮困，較有錢地方獻十萬貫，沒錢只能獻上奇特的橘子十顆。[110]二是後梁長期與李克用、李存勖父子的河東軍事集團年年戰爭，人民無法休息，致使後梁在國力與軍事上日漸衰敗，並無瑕整頓經濟。另一方面從出土數量推論，筆者認為開平通寶可能是少量鑄造的吉語錢或是有特殊用途，沒有大量鑄造的規劃用於民間流通。

108. 史松霖，《錢幣學綱要》，頁 52。
109.《舊五代史》：「是日入襄城，（朱溫）帝因周視府署，其帑藏悉空。惟於西廡下有一亭，窗戶儼然，扃鎖甚密，遂令破鎖啟扉，中有一大匱，緘鐍甚至，又令破其匱，內有金銀數百錠。帝因歎曰：「亂兵既入，公私財貨固無孑遺矣。此帑當有陰物主之，不令常人所得，俟我以有之邪！」
110.《舊五代史》：「河南尹張全義進開平元年已前羨餘錢十萬貫、紬六千疋、綿三十萬兩，仍請每年上供定額每歲貢絹三萬疋，以為常式。荊南高季昌進瑞橘十顆，質狀百味。」

古代的吉語錢

現今的我們每當逢年過節，總是會聽到為了慶祝特定節日，限量發行純銀或純金的紀念幣，不僅有紀念意義外，因為是貴金屬，也具有保值的作用。在五代十國時期，許多政權皆有鑄錢，但數量上十分稀少，不太可能是用於流通的貨幣，較有可能是紀念用途。吉語錢在歷朝歷代都有鑄行，其目的非常多元，有些是為了祈福或是紀念特定事件而少量鑄造，且鑄造工藝較精美。開平通寶雖無確切史料記載，卻讓人聯想這是具紀念意義的錢。在魏晉南北朝的南梁蕭衍，被後人所稱蕭菩薩，多次遁入佛門，且鑄行太清豐樂，[111] 祈求國家太平豐收樂道。[112]

再者，鑄錢是國家大事，關係到國家的經濟命脈，何家村窖藏中出土少量的金、銀開元通寶、鎏金的永安五男花錢等皆是證明錢幣除了用於流通外，國家也會發行具收藏意義與價值的錢幣。[113] 這些錢文化與歷史的價值勝過一切，至今雖然無法得知其原因，但可以知道永安五男是唐代官方所發行的壓勝錢，這也是對於學術與古錢收藏有實質意義的貢獻。[114] 更是證明五代時期的吉語錢、壓勝錢的鑄造起源於唐代官方的歷史脈絡。

111. 蕭衍(547)三月捨身佛界，四月復理朝政，並改元太清，大約於改元同時鑄「太清豐樂」。有學者認為顧烜《錢譜》一書並無「太清豐樂」記載，此錢應是太清三年所鑄，據劉宗漢研究，《錢譜》的成書應早於太清年，甚至更早，所以未留下紀錄。參閱劉宗漢，<「太清豐樂」錢南朝梁武帝所鑄說>，《中國錢幣》，3(北京 :2002，頁 26-30)。
112. 梁武帝早年崇道，故年號取「太清」意指道教最高仙界，又指太平盛世，「豐樂」一詞由五穀豐登，萬民安樂之意，出現於東漢末，流行於魏晉南北朝。」
113. 齊東方，《花舞大唐春——解讀何家村遺寶》，頁 60-62。
114. 齊東方，《花舞大唐春——解讀何家村遺寶》，頁 63。

太清豐樂

直徑 : 22.5-23 mm
重量 : 2.3-4.2 g
數量 : 約 4000 枚
數據由劉健平於<談宜興出土的大量太清豐樂錢>《中國錢幣》，3(北京 :2002，頁 26-29)。

後唐滅梁，天成鑄行

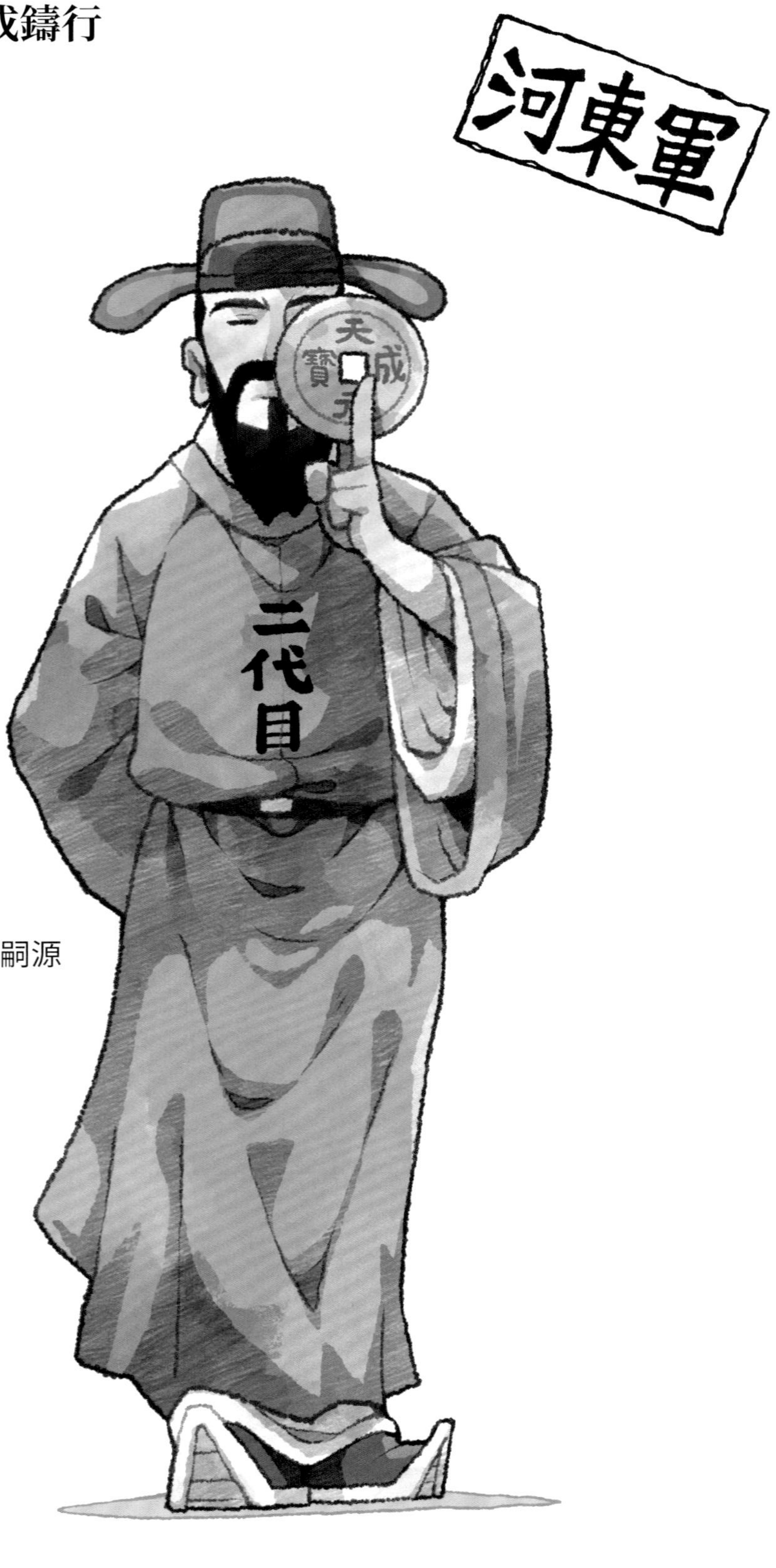

後唐明宗 李嗣源

後梁被晉王李存勖所滅後，他打起復興唐朝的旗號，並為唐朝皇帝立廟，後來又以誅滅唐朝逆臣之名，將幫助朱溫篡唐的舊臣等貶官，在其建立後唐政權又馬不停蹄平定北方契丹。但好景不長，李存勖逐漸自大貪逸，寵信宦官、伶人，疏遠舊將，漸失民心，正因為喜歡音樂、歌舞、俳優之戲，這些表演的伶人得以親近李存勖，投其所好並霍亂朝政。其父親另一養子李嗣源，往河北討伐叛軍時反叛，被河北軍擁立為帝，帶軍隊劍指洛陽，進軍洛陽期間李存勖身旁伶人臨時倒戈，將李存勖殺害，李嗣源進而繼皇帝位，改元天成，是為後唐明宗，為五代時期僅次於柴榮且有作為的皇帝。[115]

李嗣源即位後，革除李存勖時期的弊政，勵精圖治，興修水利，誅滅宦官，關心百姓疾苦，並撤銷不少有名無實的機關，後唐趨於強盛。在他的任內鮮少發生戰事，百姓得以喘息，後人給予的評價趨於正面。然而李嗣源是個文盲，完全不識字，全國的上奏都得交由大臣安重誨讀給他聽，倚仗大臣們輔佐卻無法解決大臣間的矛盾，於是有大臣被冤殺。在立太子方面，因久不立太子，使得兒子李從榮生疑起兵，最後被禁衛親軍所殺，而其後續上位的後唐閔帝昏庸無能，後唐很快便步向滅亡。[116]

115.《舊五代史》：當中卷35<莊宗本紀>有詳細記載。
116.《舊五代史‧明宗紀第三》：「朕（李嗣源）中興寶祚，復正皇綱……俱在照臨之內。」

河東軍　李克用 → 李存勖 → 李嗣源

　　後唐政權除名義上繼承大唐外，就連晚唐以來銅貨缺乏的問題也一併繼承，再著江南地區政權如前蜀、楊吳、馬楚、閩等，自後梁時代開始就大量鼓鑄鐵、鉛小錢、劣錢等，向中原地區輸出貿易，其規模之大，都讓後唐皇帝感到害怕，透過把爛錢花掉換好錢的交易模式，將品質精良的開元錢換入自己國內，圖謀更大的獲利。唐州知州（行政長官）發現管轄境內有此異狀，經調查皆是江南商人所為，危害國家的經濟與財政。[117] 所以李存勖開始其三大政策，第一是因著銅幣的缺乏與江南政權的經濟擾亂，所以嚴禁商人攜帶精良銅錢出境。[118] 第二是延續唐朝（代）的不成文規定將短陌制度化來緩解銅貨缺乏的問題，正式規定八十枚銅錢為一陌當一百枚錢來使用。[119] 第三是嚴禁銅錢再度被銷鎔鑄造成銅器，一定程度上後唐吸取唐朝貨幣政策的教訓，進一步加以改良。

117.《舊五代史》：「知唐州唐州，晏駢安奏：市肆間點檢錢帛，內有錫鑞小錢，揀得不少，皆是江南網商挾帶而來。詔曰：帛布之幣，雜以鉛錫，惟是江湖之外，盜鑄尤多，市肆之間，公行無畏，……沿江州縣，每有舟船到岸，嚴加覺察，不許將雜鉛錫惡錢往來換易好錢，如有私載，並行收納。」

118.《舊五代史》：「詔曰：錢者，古之泉布，蓋取其流行天下，布散人間，無積滯則交易通，多貯藏則士農困，故西漢興改幣之制，立告緡之條，所以權蓄賈而防大姦也。宜令所司散下州府，常須檢察，不得令富室分外收貯見錢，又工人銷鑄為銅器，兼沿邊州鎮設法鈐轄，勿令商人般載出境。」

119.《舊五代史》：「唐同光二年，度支奏請牓示府州縣鎮，軍民商旅，凡有買賣，並須使八十陌錢。」

嚴禁攜帶精良銅錢出境

延續短陌制度

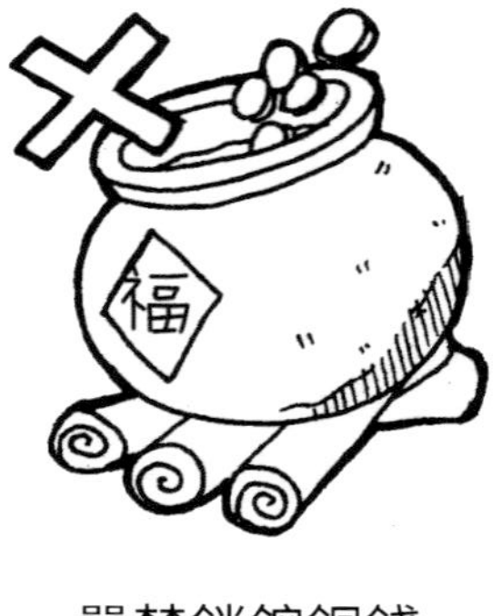

嚴禁銷鎔銅錢

經濟方面，下詔禁止銷銅鑄成銅器，並規定銅的價格，從根本上嚴格禁止人民從鎔錢獲利，[120] 並詔告中外，禁止使用鉛錢，否則重懲。[121] 在國家運行穩定且蒸蒸日上下，開始以年號天成鑄行貨幣，證明國家政權有公信力。[122]

天成元寶製作上精整，文字十分清晰，錢徑約 2.3 厘米，重 3.4 克左右。天成五年，後唐明宗在圜丘祭天時，宣布改天成為長興，意為長久興旺。天成元寶只行用五年，保留下來的更是稀少，可謂五代錢中的珍稀之品，也因為有實物流傳下來，得以知道其真面目，供後人瞻仰。

120.《舊五代史》：「天成元年八月，中書門下奏：訪聞近日諸道州府所賣銅器價貴，多是銷鎔見錢，以邀厚利。 乃下詔曰：宜令遍行曉告，如元舊係銅器及碎銅，即許鑄造器物。仍生銅器物每斤價定二百文，熟銅器物每斤四百文，如違省價，買賣之人，依盜鑄錢律文科斷。」

121.《舊五代史》：「（明宗）詔御史臺曉告中外，禁用鉛錢，如違犯，准條流處分。」

122. 五代錢文，僅見於薛著《舊五代史》惟於《晉本紀》載天福元寶錢文，餘俱從略。據洪遵《泉志》：「有（後唐）天成元寶錢。」

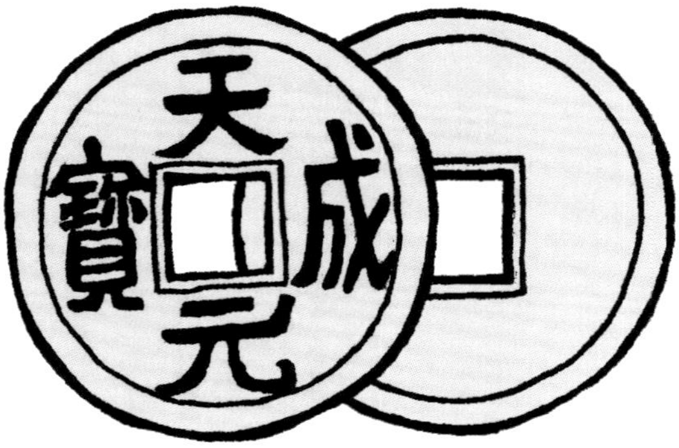

天成元寶

直徑 : 23.5-24 mm
重量 : 3.4 g

後晉天福，遼主在後

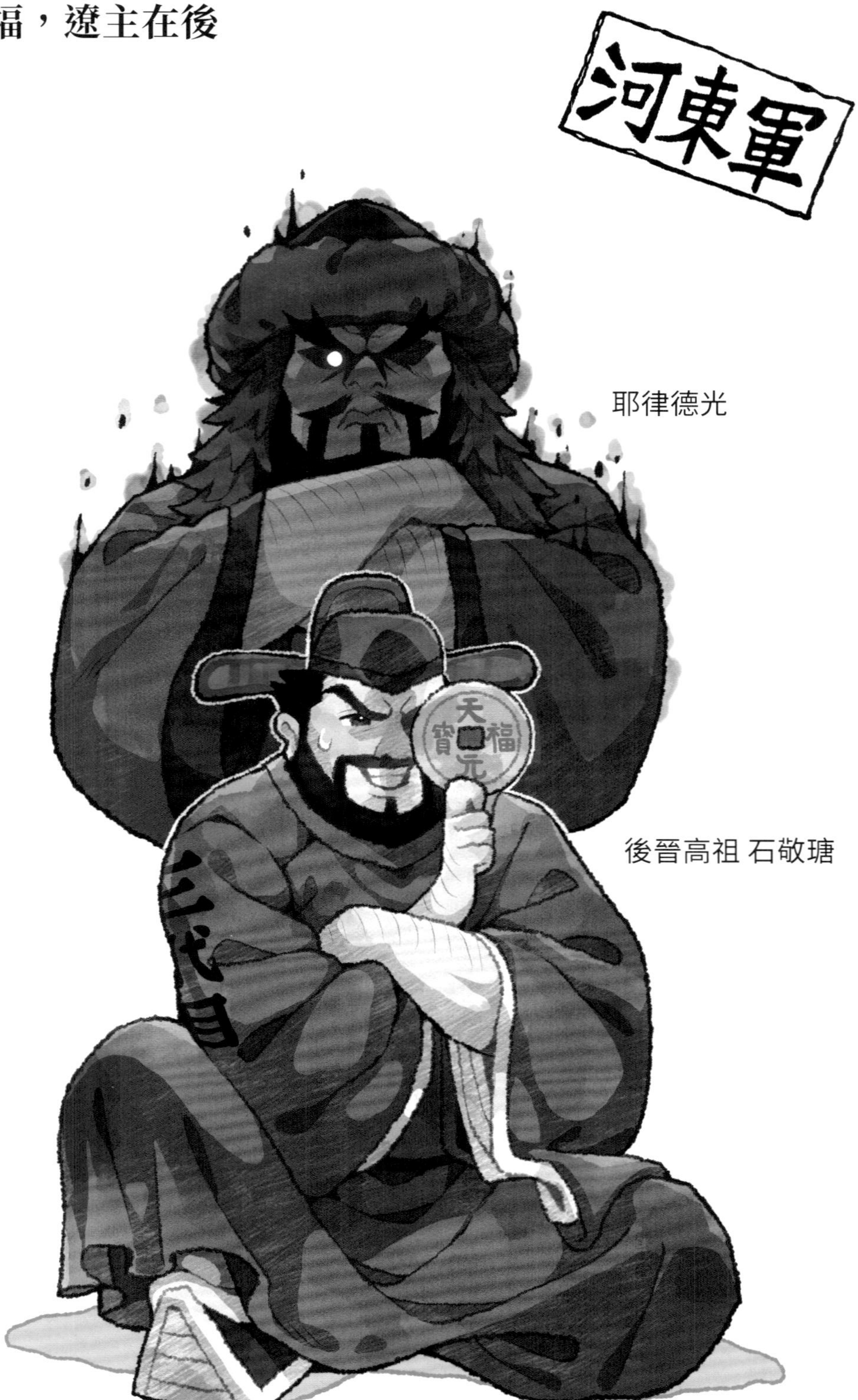

後唐在明宗李嗣源過世以後，在一系列宗室內部爭權利後，後唐末帝李從珂即位，末帝與鎮守太原的石敬瑭不和，於是李從珂下詔把石敬瑭調離河東，引來石敬瑭的叛亂。末帝發兵攻打太原，迫使石敬瑭向契丹的耶律德光借兵，契丹親率大軍南下援助石敬瑭，唐軍大敗，石敬瑭大軍攻入唐都洛陽，末帝自焚而死，後唐滅亡。石敬瑭為了能讓契丹襄助自己，許以自稱兒皇帝與燕雲十六州的割讓為獻禮，從此缺失近四百年（直至明太祖攻下大都為止）。[123]

石敬瑭死後石重貴順利即位，石重貴登基後決定漸漸脫離對契丹的依附，他首先宣稱對耶律德光稱孫，但不稱臣，致使遼國契丹大軍南下與後晉軍隊交戰，多次南下戰爭，後晉主力部隊已殘破不堪，契丹派後晉降將張彥澤率先攻入後晉國都汴梁。石重貴被迫投降，全家被俘虜到契丹，後晉滅亡，結束其短暫而絢麗的王朝歲月。

耶律德光為大契丹國第二任皇帝，後將國號由「大契丹國」改為「大遼」，成為遼朝首位皇帝。早年耶律德光被任命為天下兵馬大元帥，隨同阿保機參與了一系列戰爭，特別是在南征幽州、西征吐谷渾、回鶻期間，戰功卓著。後來接受石敬瑭豐厚的條件並發兵南下與唐軍對抗，石敬瑭順利即位後一直與耶律德光保持非常良好的關係，也叮囑石重貴不宜與契丹交惡。

123.《舊五代史》卷 75< 晉高祖本紀 >跟《資治通鑑》卷 283 皆有詳細記載。

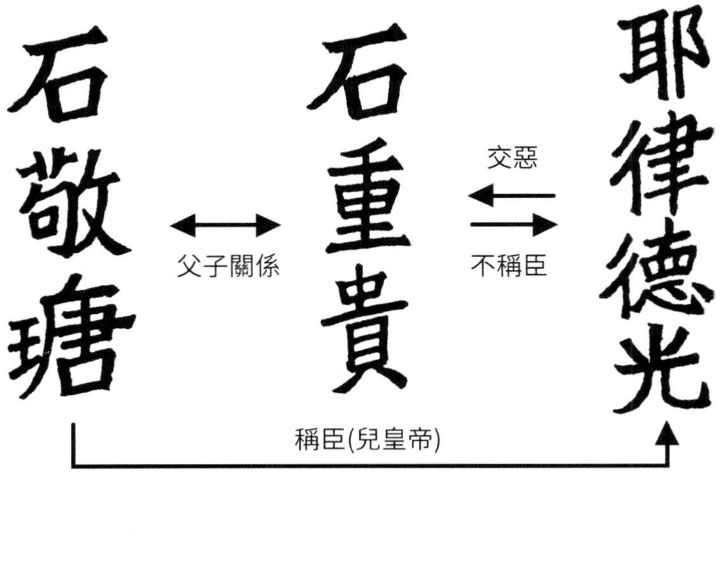

石敬瑭為償還允諾給契丹的歲貢，開始鑄行天福元寶來充盈國庫，除清償債務外，更是祈求國家能夠平安，[124] 除此之外民間機構也能鑄行天福元寶，並且允許公私鑄能流通於國家境內。[125] 同年十二月時，更是詔告天下，有銅者應該鼓勵鑄造銅錢。[126] 但國家美意卻是讓民間私鑄來獲利，錢幣鑄的越來越輕薄狹小，銅錢信用度下降，國家公信力盡失。[127]

除了私鑄外還發生更加嚴重的問題，人民加入大量錫鉛鑄錢，致使錢幣過分的短小輕薄，硬度也不足，錢的含銅量非常低，天福元寶錢的鑄行猶如晉朝國祚一般，十分短命，隔年就禁止私鑄只有官方能鑄造，政府將貨幣信用的喪失做初步的止血。好景不常的是，後晉的國祚隨著繼任者石重貴的即位劃下休止符。[128]

124.《舊五代史》：「詔許天下私鑄錢，以天福元寶為文。」
125.《泉志》：「天福三年十一月，詔三京、鄴都、諸道州府，無問公私，應有銅者，並許鑄錢，仍以天福元寶為文，左環讀之。委鹽鐵使鑄樣，頒下諸道。」
126.《舊五代史》：「宜令天下無問公私，應有銅欲鑄錢者，一任取便酌量輕重鑄造。」
127.《泉志》：「天福元寶錢，徑七分，重二銖四參。銅質薄小，字文昏昧，蓋以私鑄不精也。」
128.《舊五代史》：「先令天下州郡公私鑄錢，近多鉛錫相兼，缺薄小弱，有違條制。今後私鑄錢下禁依舊法。」

天福元寶

直徑 : 23 mm
重量 : 5 g

歲貢是銅錢嗎？

契丹的歲貢[129]是指南方的漢族政權向契丹納貢的一種制度。在此期間，契丹政權採取了歲貢制度，要求南方的漢族政權每年向他們進貢一定數量的物品，以表明其臣屬關係。進貢的物品通常包括絲綢、茶葉、銀器、玉器等貴重物品，以及草席、米麵、牛羊等實用物品。漢族進貢的物品數量上和品質上都要達到契丹的要求，否則就會被視為不恭順。契丹的歲貢制度一定程度上維持了遼朝與南方政權的和平關係，但同時也造成了漢族政權的經濟負擔。

此外，銅錢（天福元寶）的鑄行，目的是國內間買賣的流通。對於契丹而言，天福元寶的價值僅有銅本身的價值，除非有些地區特別缺銅，需要以銅錢製作器具，銅錢才有較高價值，不然較重的銅錢是不便長途攜帶的。

129. 古代諸侯或屬國每年向朝廷遣使進貢的財物，出自《國語·周語》：「日祭、月祀、時享、歲貢、終王。先王之訓也。」

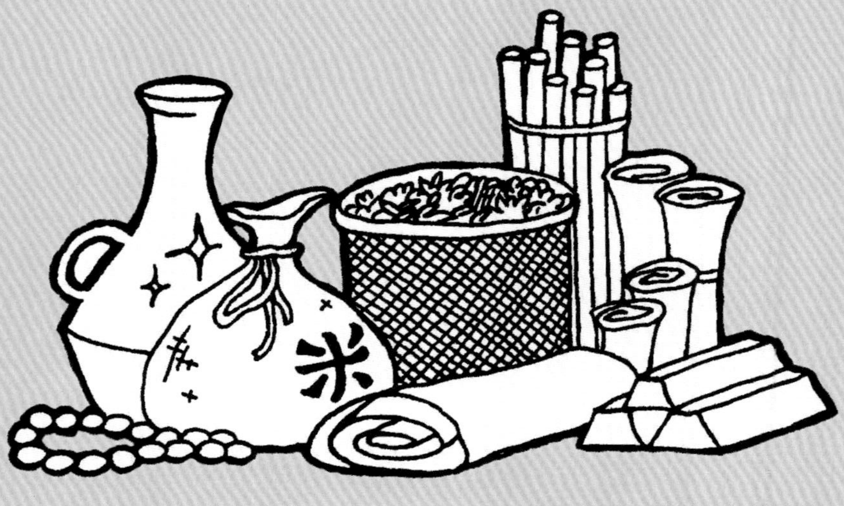

後漢復興，驅逐契丹

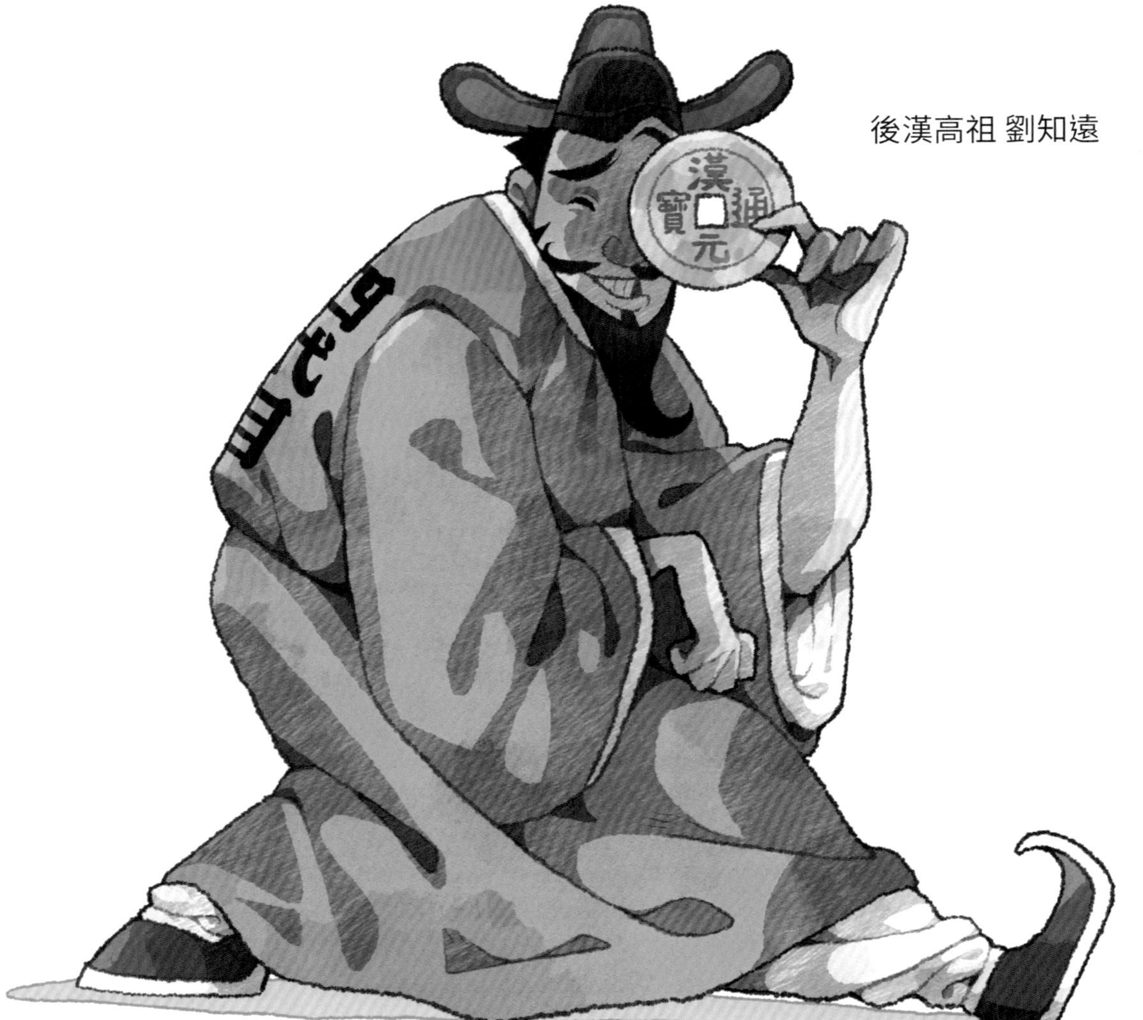

後漢高祖 劉知遠

後晉政權的敗亡使得中原盡淪外族統治，但耶律德光並無心治理中原，放任將領劫掠百姓，人民水深火熱，此時河東節度使北平王劉知遠奪得先機，抵抗遼國的統治，迅速佔據中原並拿下汴梁，最終建立後漢政權，改元為乾祐，至此後晉過渡到後漢政權。劉知遠在治理上是嚴刑峻法，百姓仍舊苦不堪言；對於叛將也是先勸降再殺之，沒有君主之德。

後漢劉知遠稱帝不到一年即死去，其子劉承祐繼位，拜郭威為托孤大臣，身兼樞密副使，郭威以樞密副使出任鄴都留守、天雄軍節度使之際，劉承祐疑忌大臣，並將郭威家人全數殺光殆盡，僅有養子柴榮逃過一劫在他身邊隨侍。沒想到契丹入侵中原，派遣大將郭威北上禦敵，當大軍來到澶州的時候，早上軍隊正準備開拔行軍，軍士們突然大聲噪動，翻牆而入進入郭威營中，表達了支持郭威而推翻後漢。

貨幣方面，後漢膳部郎中羅周裔上奏，錢幣應該成為通貨並流通於國家，國家就應該使用銅作為錢幣的材質，不得使用其他材質鑄造貨幣，人民使用的鍋碗瓢盆等民生用品只要是銅皆不可用，今後禁止用銅。[130] 鼓勵鑄造漢元通寶作為軍隊用錢，用作發軍餉使用。[131] 後漢國祚僅四年，即被其大將郭威取而代之，迎向五代最後一個王朝——周。

130.《全唐文·唐文拾遺》：〈禁民間用銅奏〉「錢刀之貨。……臣請敕三京鄴都諸道州府。凡器物服玩鞍轡門戶民間百物舊用銅者。今後禁斷。不得用銅。諸郡邑州府鄽市已成銅器……。請在京置銅錢監。俾銅盡為錢。以濟軍用。……其餘並不得用銅。如敢固違。請行條法。以杜姦宄。」

131.《泉志》：「洪遵云：徑九分，重三銖六參。有漢通元寶錢，乾祐中所鑄也。」

漢元通寶

直徑 : 24 mm
重量 : 3.6 g

後周滅佛，用於鑄錢

後周世宗 柴榮

接受將士們黃旗加身的郭威，和軍士們約法三章，帶兵折返汴梁，逼迫太后授為「監國」，奪得國政，建立了後周，建都汴京，改元廣順，至此短暫的後漢政權隨即結束。郭威僅僅在位三年即溘然長逝，因其家人被劉承祐盡數殺害，所以由其養子柴榮即位繼任，是為後周世宗。

即位後的周世宗有感於國家連年打仗，經濟急需要恢復，當時卻缺少流通的貨幣，而自亂世紛爭以來，民間一直有銷鎔銅錢鑄成佛像的風氣，[132] 因此周世宗下令鎔毀天下銅製佛像來鑄造銅錢。世宗還規定人民要於五十日內繳納，官府強制收購。只要藏五斤以上的銅佛不繳納，則處死絕不寬待，一時國家境內佛像幾乎滅絕。[133] 此時周世宗向他的大臣們說：「佛家本來就是要濟世救民，而銅佛豈是佛？佛都曾以其肉與目濟民，怎麼會吝惜區區銅身？」[134] 由此得知，周世宗即大肆毀佛鑄錢，並以佛身鑄行周元通寶錢，以利於人民使用於經濟上。

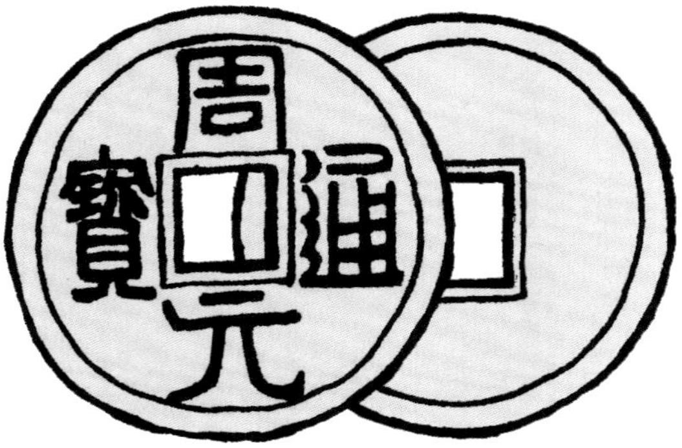

周元通寶

直徑 : 24 mm
重量 : 2.9 - 4.6 g

132.《資治通鑑》：「帝以縣官久不鑄錢，而民間多銷錢為器皿及佛像，錢益少。」

133.《資治通鑑》：「敕始立監采銅鑄錢，自非縣官法物、軍器及寺觀鍾磬鈸鐸之類，聽留外，自餘民間銅器、佛像，五十日內悉令輸官，給其直；過期隱匿不輸，五斤以上其罪死，不及者論刑有差。」

134.《資治通鑑》：「上謂侍臣曰：卿輩勿以毀佛為疑。夫佛以善道化人，苟志於善，斯奉佛矣。彼銅像豈所謂佛邪！且吾聞佛在利人，雖頭目猶捨以布施，施，式豉翻。若朕身可以濟民，亦非所惜也。」，而且司馬光亦頌讚周世宗：「臣光曰：若周世宗，可謂仁矣，不愛其身而愛民；若周世宗，可謂明矣，不以無益廢有益。」

古代經濟學 - 當銅價創新高

周世宗滅佛時，廢去寺廟 30336 所，盡毀其佛銅像器物不計其數，僅留下寺院 2694 所，這個數字還不包含南方各國的寺廟，如此眾多的寺廟所使用的銅材也是很可觀的，銷毀佛像及法器鑄造銅錢，雖然市場缺錢問題有些緩解，但也為時已晚，何況廣大南方地區各國並沒有隨之毀寺滅佛，南方寺院佛銅像器物仍不受太大影響。[135]

再來就要探討銅價和銅錢的關係，拿天福元寶為例，1 文錢即為 1 枚銅錢，每 10 錢重 1 兩，銷毀銅錢 1 貫 (1000 枚) 可得銅 6.4 斤，按照天成年間官價，每斤銅 400 文錢，然而銷毀銅錢 1 貫可賣 2560 文，即使按照顯德年間的官價，每斤也有 200 文錢，1 貫可賣 1280 文，這都還是官價，市場上的實價一定更高許多，在這個銅價極高的背景下，有哪個老百姓會選擇使用銅錢？正因為供需的問題，五代期間鎔錢風氣之盛，儘管政府嚴格禁止，但利之所趨，始終無法杜絕。[136]

135. 呂思勉，《隋唐五代史》，頁 173。
136.《五代會要》卷 27《泉貨》，頁 434。

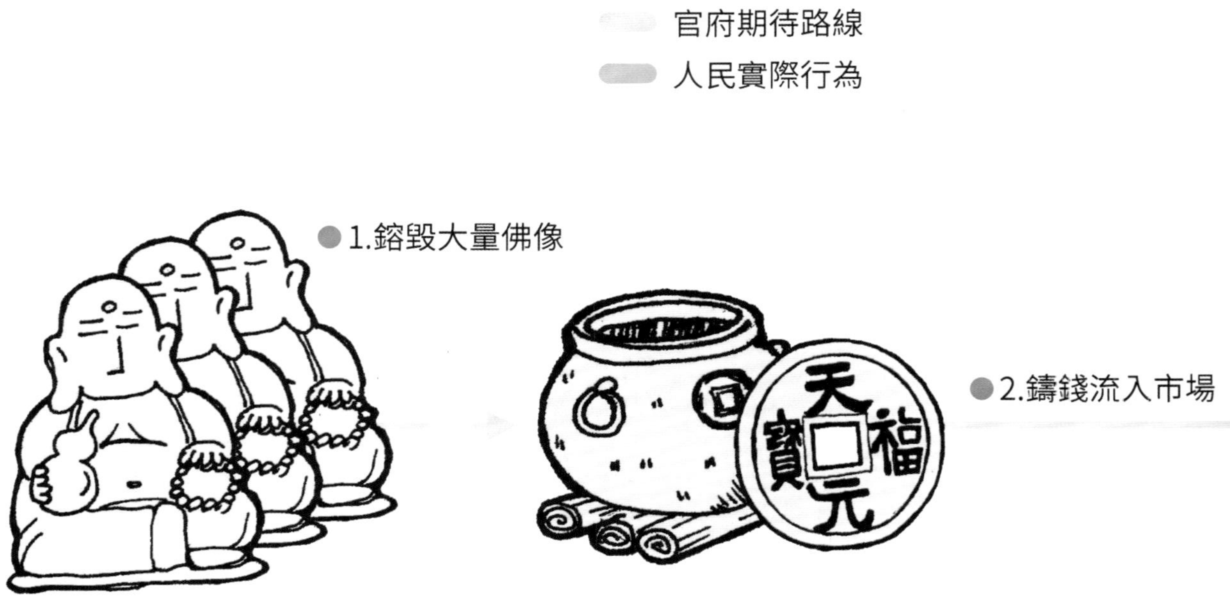

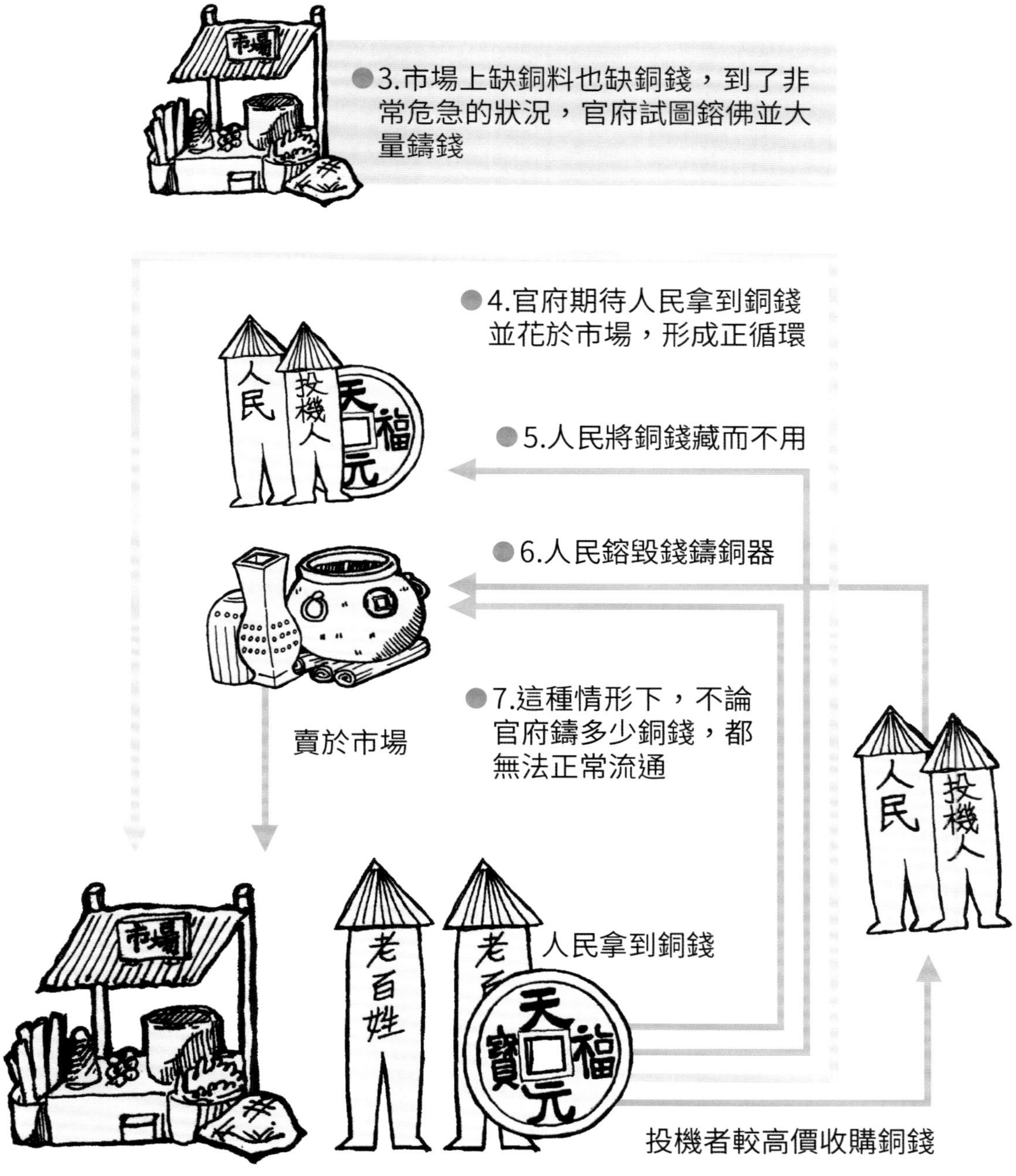
3.市場上缺銅料也缺銅錢，到了非常危急的狀況，官府試圖鎔佛並大量鑄錢
市場
4.官府期待人民拿到銅錢並花於市場，形成正循環
人民
投機人
天福元寶
5.人民將銅錢藏而不用
6.人民鎔毀錢鑄銅器
7.這種情形下，不論官府鑄多少銅錢，都無法正常流通
賣於市場
老百姓
人民拿到銅錢
投機者較高價收購銅錢

進入十國，七國鑄錢

介紹完中原的五代後，南方及邊陲小國們，同時也發生了許多事，這些小國們有各自的經濟政策，有些全力發展經貿，有些向中原稱臣或安逸享太平。在這一個混亂的年代，實在難以做全方面的闡述，本書為了精簡並讓讀者輕鬆閱讀，介紹其中七個有鑄行貨幣的國家，接下來會從這些國家的貨幣以及它們實施的經濟政策做講解。沒有鑄行貨幣的國家，也有它們獨特的經濟政策，但怕有所混淆，本書在此不做介紹。

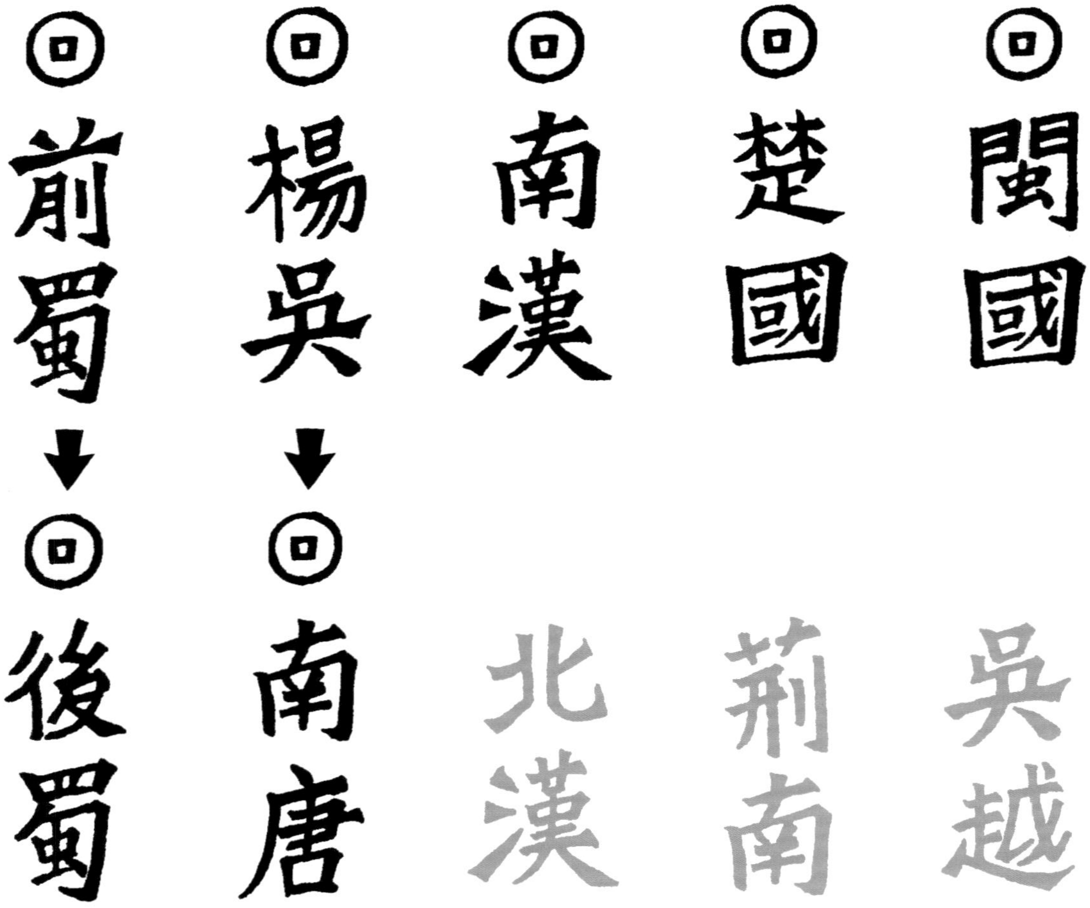

前蜀 王建 / 後蜀 孟知祥
吳國 楊行密 / 南唐 徐知誥
唐
吳
蜀
蜀
閩
楚
漢
富
楚國 馬殷
閩國 王審知
南漢 劉龑

十國 - 前 / 後蜀

前蜀 王建 / 後蜀 孟知祥

清初文人歐陽直曾言：「天下未亂蜀先亂，天下已平蜀未平」，[137] 今天故事的主角是在蜀地建國的前蜀王建，原以屠牛驢和販私鹽為業，後來在黃巢之亂時加入政府軍隊，跟隨軍隊前往四川救駕，因為果敢驍勇被唐僖宗相中，封為西川節度使。

自昭宗大順年開始，王建就開始擴張勢力，攻佔成都並據有東川、西川兩地，爾後又取得三峽之地，幾乎獲得四川全境，這些行動未經過唐中央允許。無暇顧及的唐中央得知狀況後，就將錯就錯封他為蜀王，於是成為當時最大的割據勢力（晚唐第一個封王）。次年，朱溫挾持唐昭宗遷都洛陽，改元天祐，王建因不承認唐昭宗正統性，就繼續使用（唐僖宗）天復年號，後來依照三國蜀漢劉備在成都稱帝故事，建國為「蜀」，改元武成，史稱「前蜀」，蜀國在統治初期，王建勵精圖治，興修水利（都江郾），重視農桑，實行與民休息的經濟策略，使得國家一時經濟強盛，成為一隅之強國。[138]

經濟方面，王建想要充實國庫，其在位 12 年，鑄造貨幣甚多。史料所載自永平元年，鑄永平元寶錢，[139] 又於通正元年，鑄通正元寶錢。[140] 分別於天漢元年，與光天元年再鑄行天漢元寶與光天元寶錢，[141] 後來繼任的後主王衍又分別於乾德、咸康元年兩年內更鑄乾德元寶與咸康元寶錢，前蜀自永平年開始，每改元必鑄錢。起初川地冶鑄條件與質量普遍不佳，自乾德、咸康以後，國家實力日漸增強，銅錢品質一時得到提升，數量也初具規模。最終後唐國主李存勖大軍攻伐下開城投降，前蜀從創立到滅亡，共立國 18 年。

後唐在征服前蜀後，派孟知祥擔任西川節度使，但孟知祥他個人也有雄心，也想當一方之霸主，他立刻培養自己的軍隊，攻滅後唐的東川節度使，並佔據兩川之地。仿照前蜀王建建國故事，稱帝於成都，改元明德，史稱後蜀，但好景不長，孟知祥在位時，突發急症迅速暴斃，僅 7 個月便過世。

137.（清）歐陽直《蜀警錄》（又名《蜀亂》）。
138.《舊五代史》卷 136《僭偽列傳·王建》中有詳細說明。
139.《十國春秋》：「永平元年……十二月……鑄永平元寶錢。」
140.《十國春秋》：「三月……鑄通正元寶錢。」
141.《十國春秋》皆有史料記載每更換一年號即更鑄新銅錢。

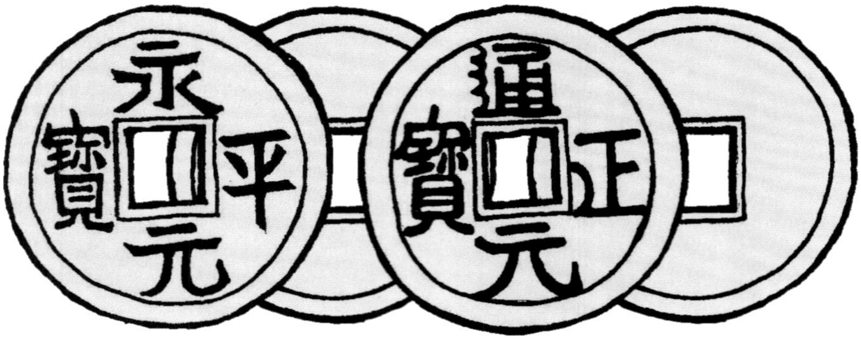

永平元寶

通正元寶

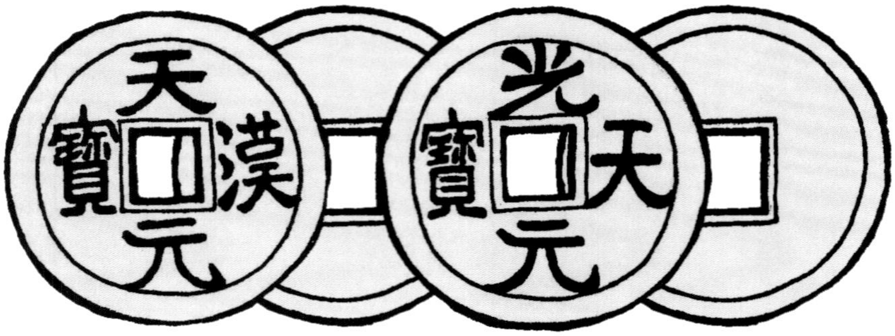

天漢元寶

光天元寶

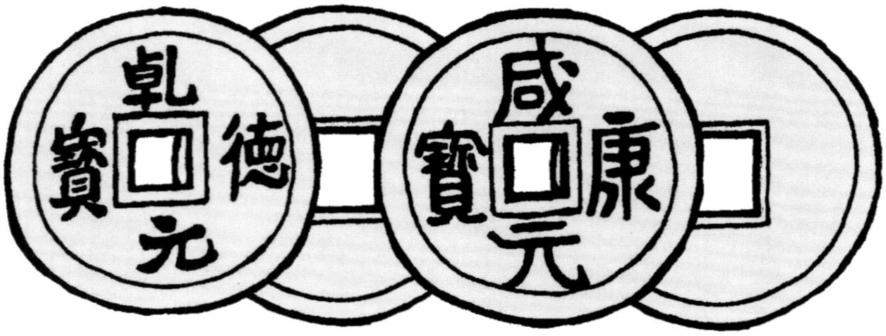

乾德元寶

咸康元寶

錢幣寫真 P.162 頁，A10

所幸，其子孟昶是一位英才，其沿用明德年號，起初大權掌握在孟知祥所託孤的權臣手中，然而在改元廣政後，孟昶藉著政治角力殺權臣，並逼退其餘勢力退隱，於是他在繼位 14 年後首次親政，終於能一展長才。孟昶在位初期頗能勵精圖治。他廣開言路，勸課農桑，興辦學校，使得後蜀的國力達到顛峰，而且蜀地境內很少發生戰爭，此時的蜀地是五代時期經濟文化較發達的地區，後蜀的強盛與國主英明的治理使川地維持近三十年和平。

經濟方面即是廣政元年鑄行的廣政通寶，[142] 但是後周率軍來攻，後蜀為籌得軍費於廣政 18 年開始鑄行新鐵錢，以備軍用。[143] 將鐵器的使用收歸國有，並用大量鐵器來鑄造錢幣，發往邊境來充作軍費，為廣政通寶鐵錢。[144] 但沒有想到的是，蜀中百姓意外地接受鐵錢的流通，並在成都境內快速的流通開來，包括府庫的錢、貿易用的錢皆是有鐵錢相混，鑄行鐵錢能被接受的可能，一方面是蜀國境內錢幣不足，國內用度與軍費消耗龐大，另一方面相傳是因為廣政鐵錢鑄工精良與銅錢無異，[145] 所以鑄行來取代銅錢流通。

142.《十國春秋》：「廣政元年……冬十月……鑄廣政通寶錢。」另載於洪遵《泉志》：「廣政錢徑九分，重三銖，銅質渾厚，字八分書。」
143.《十國春秋》：「為守禦之備，募兵既多，用度不足，始鑄鐵錢，榷境內鐵器以專其利……聞世宗下秦鳳，愈不自安，多積芻粟，以鐵為錢，禁民私用鐵。而自鬻器用以專利，民甚苦之。」
144.《十國春秋》：「是歲行用鐵錢。初鐵錢多於外郡、邊界參用。」
145.《十國春秋》：「每錢千凡四石為銅六百為鐵，至是流入成都，率銅錢十分雜鐵錢一分，大盈庫錢往往有鐵錢相混，鑄之精工與銅錢相類也。」

後蜀貨幣

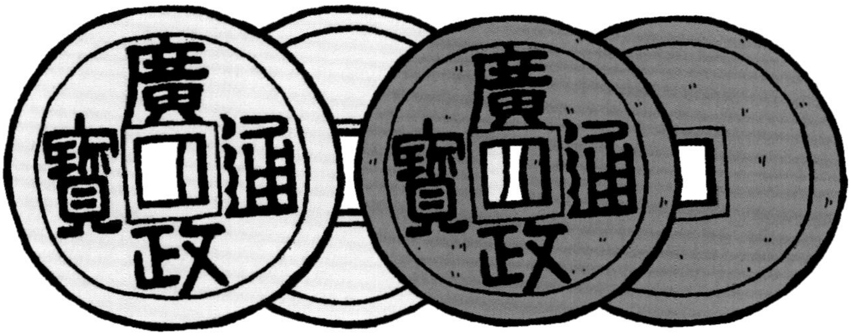

廣政通寶（銅）

廣政通寶（鐵）

十國 - 閩國

閩國 王審知

唐中和元年，黃巢大軍攻陷長安，屋漏偏逢連夜雨各地又受黃巢鼓舞相繼起義，大唐此時搖搖欲墜，早已被節度使與起義群眾鯨吞蠶食。而恰逢亂世的兄長王緒帶領王審邽、王審知、王潮等三兄弟起義，隨著起義軍南下發展，大軍循序進入福建，此時規模達到萬人，聲勢浩大。後來王潮等三兄弟攻占福州，並逐漸佔領福建全境，王潮被唐廷招安為福建觀察使，後來改任福州節度使，最後升為威武軍節度使。唐乾寧四年（898）王潮卒，遺命以王審知繼位，開啟閩國王霸之業。

當朱溫篡唐稱帝，建立後梁政權時，也敕封王審知為閩王，閩國正式開國，建都於建州（今福建福州）。王審知於開國初期與民休息，實行道家無為而治的政策；外交上稱臣於後梁，並與鄰近國家交好、聯姻（南漢）以避免戰爭，經濟民生上則是提倡節儉，輕徭薄稅。另外他還建立學校，獎勵通商，使得閩國的經濟、文化得以迅速發展。貨幣經濟方面，因為唐末銅錢缺乏，且沒有銅礦的閩地更是缺得可憐，王審知於是鑄行鉛錢與銅錢一同使用。[146] 後來發行開元通寶大鐵錢，並以 500 枚為一貫，[147] 在位期間多鑄錢幣，用於舒緩國內經濟成長所導致的錢荒，[148] 嚴格施行唐末的短陌制度，期待能緩解銅錢缺乏的問題。

146.《十國春秋》：「（梁）貞明二年冬，是歲鑄鉛錢與銅錢並行。」
147.《十國春秋》：「（梁）龍德二年，月鑄大鐵錢，以開元通寶為文，仍以五百文為貫。」
148.《陶岳貨泉錄》：「王審知鑄大鐵錢，闊寸餘甚麤重，亦以開元通寶為文，以五百文為貫。俗謂之銠與銅錢並行。」

五代閩國 - 開元通寶大鐵錢

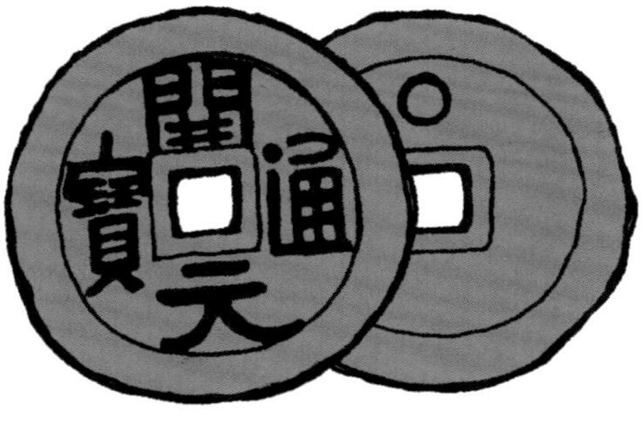

晚唐 - 開元通寶（鐵質）

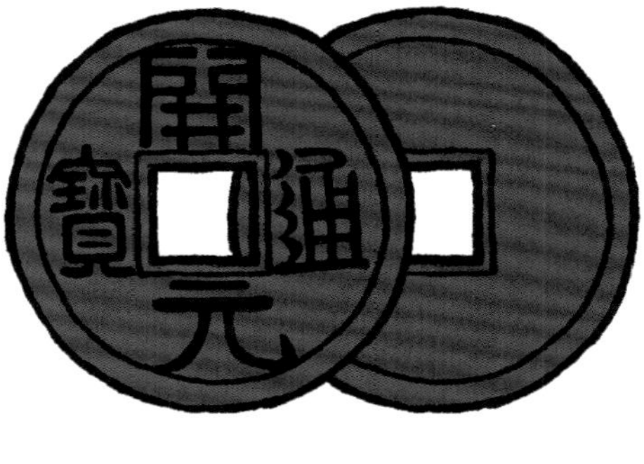

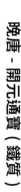

王審知於後唐同光三年過世，至此閩國漸入衰敗，繼位的王氏子孫皆無一善終，宗室內部兄弟鬩牆不斷，朝堂屢發政變，致使閩國政權混亂不堪，直至王延羲繼位，改元永隆。然而王延羲在繼位後，驕傲奢侈，荒淫無度，猜忌宗族，與其弟王延政多有爭執，二人因此結怨。遂於永隆二年（940）王延羲派兵攻打王延政所據之建州，開啟了閩國內戰。

戰火延續數年，一時之間難以分出勝負與高下，陷入膠著的兩人竟然各自為政成立國家了，真的是五代十國時期的一大趣事，王延羲自稱大閩皇帝、威武軍節度使，其弟王延政僅據建州一州稱帝，國號殷，號為大殷皇帝，改元天德，更是被稱為五縣天子，至此閩國分裂。貨幣政策更是奇粑，雙方除彼此稱帝外，還有鑄錢來宣示其主權，王延羲在國內開始鑄造永隆通寶鐵錢，作為軍費並流通去殷國以擾亂經濟。[149] 而王延政也不遑多讓，亦於天德二年的建州境內，以天德年號為名，鑄行天德通寶大鐵錢，[150] 以防止銅錢的流出。除了天德通寶外，另有鑄造紀念幣性質的天德重寶，[151] 閩國這兩個分裂政權竟然自己玩起貨幣戰爭。鷸蚌相爭，漁翁得利，內耗的情況下，外敵虎視眈眈，後來被南唐與吳越開心的收割國土，閩國滅亡，立國 36 年。

149.《十國春秋》：「鑄永隆通寶大鐵錢，一當鈆（錫）錢百。」又見於《舊五代史》：「王延羲鑄大鐵錢，以一當十。」又《泉志》載：「永隆錢，此錢徑寸四分重十銖二參，文曰永隆通寶，字文平漫製作不精，以銅為之。」

150.《十國春秋》：「天德二年春正月，鑄天德通寶大鐵錢，一當百。」

151.《董逌錢譜》：「建州王氏錢，面文天德重寶，背文穿上有殷字。」又《泉志》載：「王延政以建州建國，稱殷故幕文為殷字，通寶重寶之異，亦當時鑄此二品耳。」

大閩皇帝

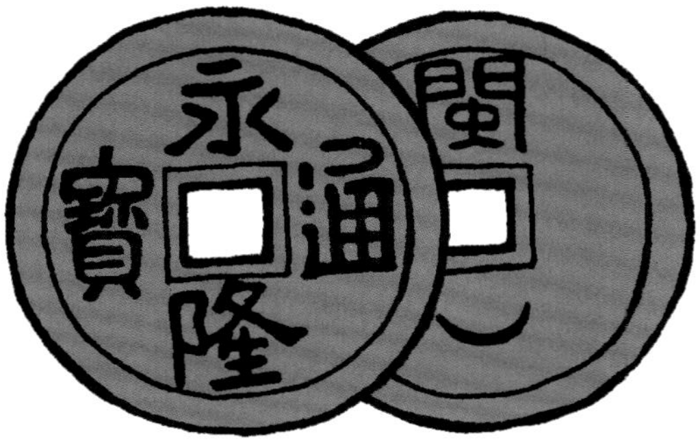

永隆通寶背閩月

直徑 : 24 mm
重量 : 2.9 - 4.6 g

大殷皇帝

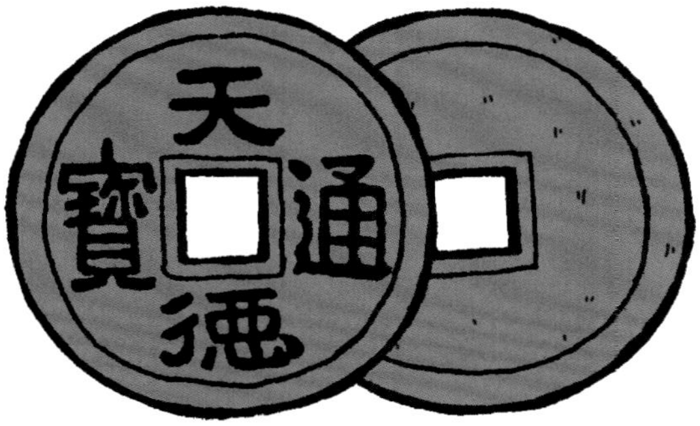

天德通寶

直徑 : 24 mm
重量 : 2.9 - 4.6 g

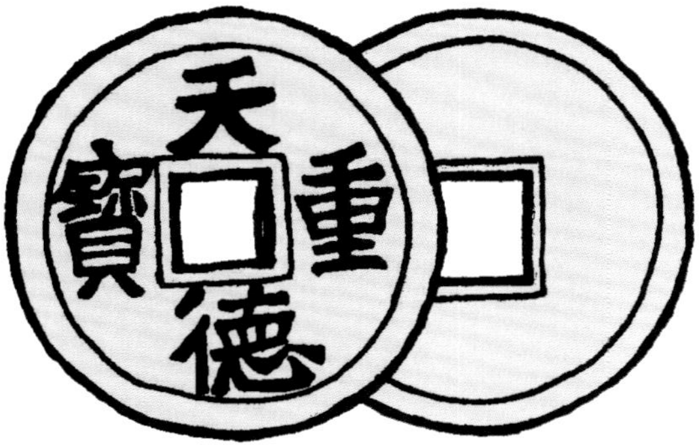

天德重寶

直徑 : 24 mm
重量 : 2.9 - 4.6 g

十國 - 楚國

楚國 馬殷

馬殷自幼家貧，家裡從事木匠工作，本以為此生要與木頭過著無聊的人生，但命運的馬車還是找上了他。隨著唐末的亂世，他加入黃巢的軍隊，後來跟著孫儒燒殺擄掠又反跳政府軍，就在黃巢被殺後，唐政府又為了收編這些叛軍，指派馬殷接手武安軍，朝廷立刻任命他為武安軍節度使，奠定了他在湖南立足的根基，開始他在湖南的建國大業。[152]

後來後梁篡唐，朱溫冊封馬殷為天策上將軍，[153]允許他能開府建置，如唐太宗李世民開天策府故事，以自己的名義建置幕府與幕僚，定都於潭州（今湖南長沙），後梁為拉攏馬殷冊封他為楚王，楚國正式成立。當即仿效朝廷體制，改潭州為長沙，作為國都，並在長沙城內修宮殿，置百官，建立了一個名符其實的獨立王國，成為五代時期十個封建割據國家之一。

西元 930 年馬殷過世，馬殷次子馬希聲繼位，縱聲情色，兄弟鬩牆，互爭楚王，被稱為眾駒爭槽。[154]南唐乘馬楚內亂，派大將邊鎬率軍進入楚國，占領長沙，楚國滅亡。楚國在嶺南的領地則被南漢兼併，直到宋朝趙匡胤發動陳橋兵變，建立宋朝，並以平亂為由出兵。也趁機揮軍南下兼併荊南、攻占潭州，湖南從此完全併入宋的版圖。

152.《舊五代史》：「馬殷，字霸圖，許州人也，少為木工，從軍初隨孫儒渡淮，連陷洪、鄂、潭、桂等州，建峯盡有湖南之地，遂自為潭帥。」

153.《新唐書·劉黑闥列傳》：「（武德五年）初，秦王（李世民）建天策府，其弧矢制倍於常。」又載於《舊五代史》：「（馬）殷於梁貞明中，為時姑息，所求接允，累官至守太師，兼中書令，封楚王，又上章請依唐秦王故事，乃加天策上將軍之號。」

154. 十國的馬楚政權，馬殷的幾個兒子為爭奪王位而爆發的內亂，故名為「眾駒爭槽」。

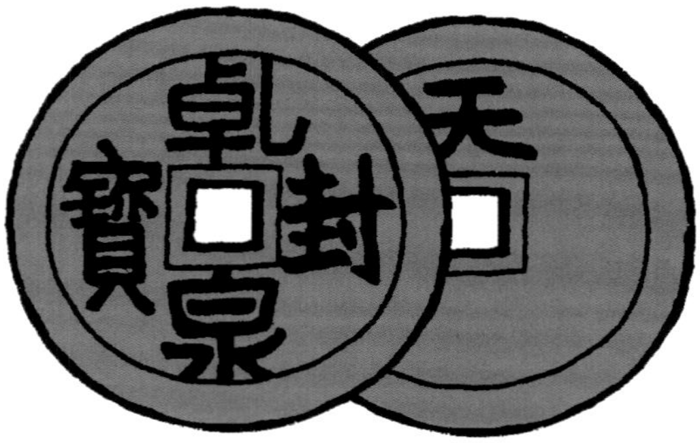

乾封泉寶背天

直徑 : 24 mm
重量 : 2.9 - 4.6 g

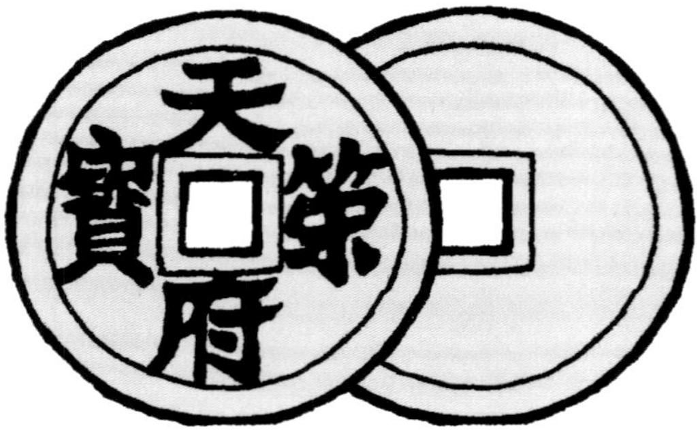

天策府寶

直徑 : 24 mm
重量 : 2.9 - 4.6 g

商人帶來外國物資到楚國進行交易

由於馬楚的基本國策即是「上奉天子、下撫士民」保境息民政策，[155] 同時採行獎勵農桑、發展茶葉、倡導紡織、重視商業貿易。[156] 馬楚在一定程度上利用湖南地理優勢，與中原隔絕，地處南方且位於極中心的位置，大力發展與中原周邊（廣、閩）等國的商業貿易，[157] 採取免收關稅，[158] 鼓勵進出口貿易，招攬各國商人。

為了發展商業，馬殷採納大臣高郁的建議，鑄造鉛、鐵錢在境內流通。[159] 發行的錢幣主要為小平錢的鉛錢「開元通寶」和折十的鐵錢「乾封泉寶」，另外還有銅錢「天策府寶」紀念性質的貨幣，但由於鉛鐵錢幣笨重，攜帶不便，在他國被禁用。因此商旅出境外貿易，錢不好用，往往在楚國銷貨後又在本地購買大量當地產品，楚地因而變得富饒。[160]

155.《資治通鑑》：「殷土宇既廣，乃養士息民，湖南遂安。」
156.《十國春秋》：「湖南不事桑蠶，郁勸王令，輸稅者以帛代錢，由是機杼大盛。」
157.《十國春秋》：「是時王關市無征，四方商旅聞風輻。」
158. 當時各國開始向商人收取入境（國）的稅，等同於現今的通行費。
159.《十國春秋》:「湖南地故，產鉛（鉛）鐵用，都軍判官高郁，策鑄鉛（鉛）錢，以十當銅錢一，已又鑄鐵錢，圍六寸文。曰乾封泉寶，用九文為貫，以一當十。」
160.《十國春秋》：「商旅出境無所用錢，輒易他貨去，故能以本土所餘之物，易天下百貨，國以富饒。」

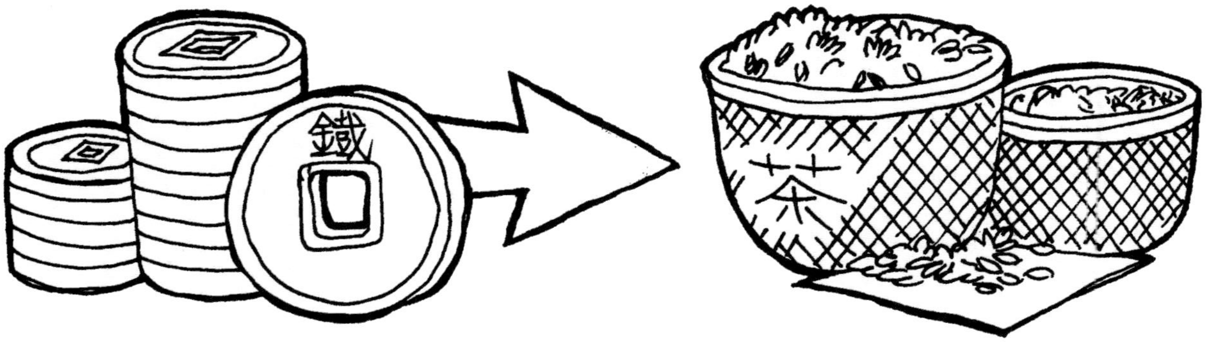

賣掉物資換到沉重的鐵錢不易攜帶回國　　因而將鐵錢再次花掉購買當地名產

十國 - 吳國 / 南唐

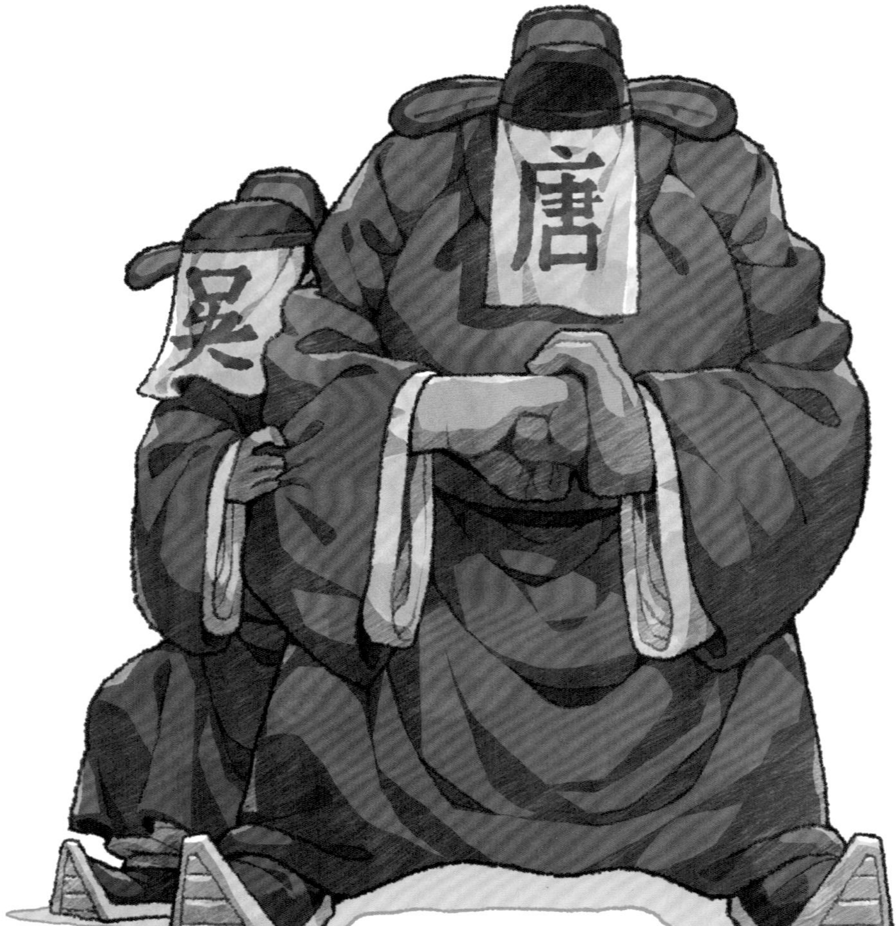

吳國 楊行密 / 南唐 徐知誥

廬州楊行密原本是一個軍隊掌旗的軍官，後來遭逢黃巢亂世，從此墮落成為盜匪，後來被官軍捉獲又轉投官軍，在軍中表現勇猛無比，不安於現狀的他居然鼓動大家反抗政府，攻佔當時政府所據有的廬州（今安徽合肥），朝廷再度將錯就錯，又招安封楊行密為廬州刺史，再度升任淮南節度使。轉眼數年間，楊行密攻滅畢師鐸、孫儒、龐師古等軍閥，楊行密受到唐政府加封吳王，成為江南地區最大的割據政權，建立吳國。但好景不常，楊行密不久後過世，其子楊渥繼位，當時的他還不到二十歲，年少輕狂，生性貪玩嗜酒，楊行密的託孤重臣，一個叫張顥，一個叫徐溫，與楊渥權力鬥爭攻伐之下，徐溫最終勝出成為楊吳實際掌權者，獨掌吳國大權。[161]

楊渥在爭鬥中死後，受到徐溫控制的楊溥被逼迫稱帝，改元乾貞，朝中大權仍由徐溫把持，楊溥被架空。直到徐溫去世後才將朝中權力過繼給其子徐知誥，繼續掌握吳國命脈，徐知誥眼看時機成熟就接受楊溥禪讓，建立齊國，改元升元。就在此時，有一枚錢幣叫大齊通寶，僅有實物出現，既沒有史料記載，不知是否為這時所鑄，為貨幣史留下一個不解之謎，目前有缺角大齊與四眼大齊兩種流傳下來。然而稱帝後第三年徐知誥自稱為唐室之後，改名李氏，改國號為唐，史稱南唐，南唐也是五代十國裡與大宋僵持最久的國家。

161.《舊五代史》卷 134《僭偽列傳·楊行密》「楊行密，廬州人。少孤貧，有膂力，日行三百里……光啟初，秦宗權擾淮右，頻寇廬、壽，郡將募能致戰擒賊者，計級賞之，行密以膽力應募，往必有獲，得補為隊長。行密乃自募百餘人，皆虓勇無行者，殺都將，自權州兵，郡將即以符印付之而去，朝廷因正授行密廬州刺史。」

四眼大齊（上下左右各有一孔）

缺角大齊（原先應為完整的傳世缺角）

南唐自建國以來較少鑄行新貨幣，立國後推行「息兵安民」的政策，使南唐社會安寧，國力強盛。唯有民間私鑄鉛鐵開元錢，由江南商人去混亂中原的經濟，拿品質不良的爛錢去中原換取物資，重挫中原的經濟，此時南唐疆域也達到極盛。但很快因軍事失誤，新占據的領土大多丟失，且連年兵事致使南唐國力走向衰敗。公元 955 年，後周郭（柴）榮發動統一戰爭以後，迫使南唐因為軍費問題開始鑄行大錢——永通泉貨。[162]

而這樣的貨幣卻無法解決籌措軍費問題，所以改以韓熙載進行經濟改革，改鑄永通泉貨鐵錢。[163] 後又得在多數地區設立錢監大量鑄錢。[164] 多次交鋒後南唐大敗後周，抹去帝號並對後周稱臣繳納歲貢，沉重的歲貢讓南唐又再度踏上鑄行新錢唐國通寶與大唐通寶，以利繳納歲貢給中原的後周、宋政權。[165] 最後，宋軍發動江南戰爭攻陷金陵，俘虜後主李煜，南唐自此滅亡，歷時 39 年。

162.《新五代史》：「（李）景困於用兵，鍾謨請鑄大錢以一當十，文曰「永通泉貨」。」
163.《新五代史》：「謨嘗得罪，而大錢廢。韓熙載又鑄鐵錢，以一當二。」
164.《舊五代史》：「饒州置永平監，歲鑄錢；池州永寧監、建州永豐監，並歲鑄錢；杭州置保興監鑄錢。」
165.《舊五代史考異》：「（後唐）元宗鑄唐國錢，其文曰「唐國通寶」。又鑄大唐通寶錢，與唐國錢通用。」

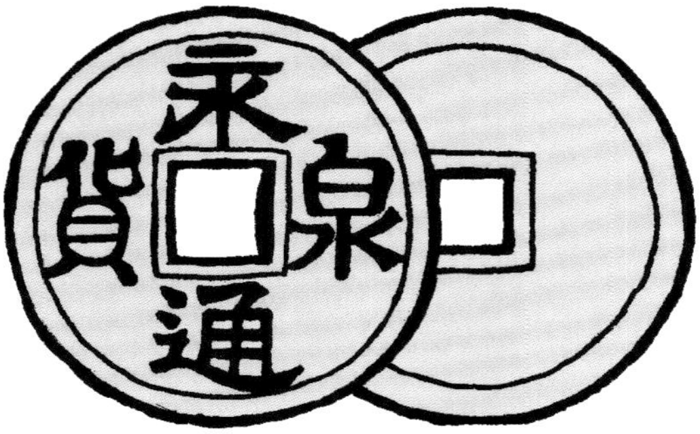

永通泉貨

直徑 : 24 mm
重量 : 2.9 - 4.6 g

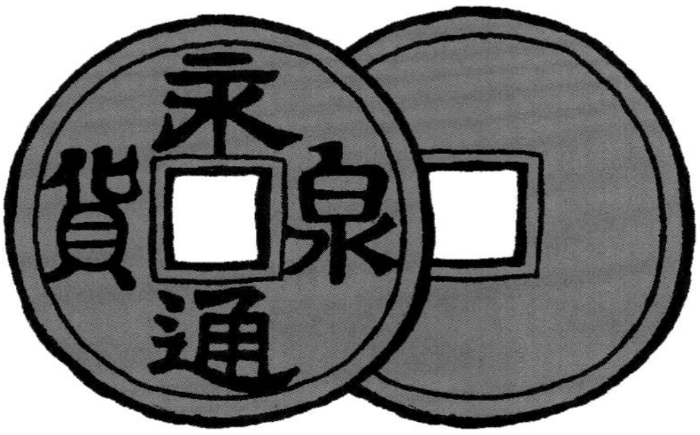

永通泉貨（鐵）

直徑 : 24 mm
重量 : 2.9 - 4.6 g

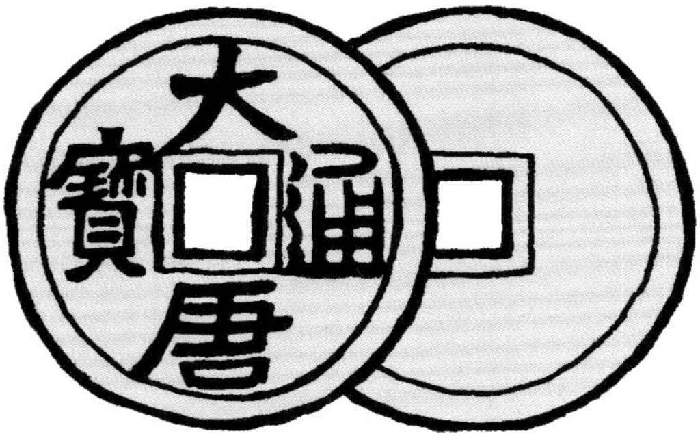

大唐通寶

直徑 : 24 mm
重量 : 2.9 - 4.6 g

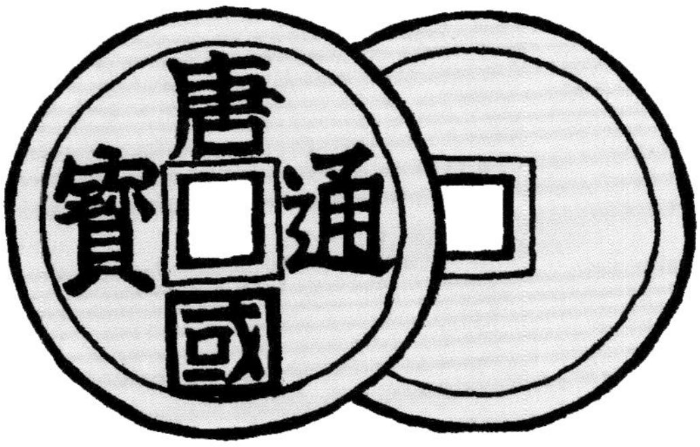

唐國通寶

直徑 : 24 mm
重量 : 2.9 - 4.6 g

錢幣寫真 P.162 頁，A11

十國 - 南漢

南漢 劉龑

祖上劉安仁原為一介商人，因為生意需要，在晚唐徙居於福建，原本要過著經營小本生意的生活，沒想到商業蒸蒸日上，其子劉知謙從軍隨著政府軍征服黃巢之亂，加上原先祖上在福建的人脈及商業積累，逐漸在地方擁兵過萬，戰艦百餘，慢慢地政府默認他在嶺南（今廣東）任刺史，後來唐政府封其子劉隱任清海軍節度使，以示朝廷對他們劉家的重視。

朱溫篡唐為拉攏劉氏的支持，冊封其為南海王，此時劉家都很早就過世，劉隱死後，其弟劉龑襲封南海王。劉龑憑藉父兄的嶺南基業，於後梁年間在番禺（今廣東廣州）稱帝，起初國號為越，[166] 並且由閩國代鑄乾亨重寶銅錢，以紀念幣形式紀念其稱帝「大越國」。[167]

次年，劉龑開始以漢朝劉氏後裔的身份改國號為「漢」，史稱南漢，因其國內銅錢嚴重不足，不利於經濟發展，所以開始發行乾亨重寶鉛錢，[168] 乾亨重寶有銅、鉛錢兩種材質並稱兩品，[169] 此鑄造之錢幣解決日漸蓬勃的貿易，使得南漢一時之間貿易大起，至此南漢被稱為「商業之國」，[170] 商業實力不容小覷，後世每每嘉譽。[171] 爾後繼位的劉晟乘著馬楚內亂的時候，奪下了原本屬於馬楚的嶺南之地，南漢的疆域更達到鼎盛，可以說是一時南方小強國。最後仍是抵擋不了中原興起的北宋，趙匡胤在平定許多南方勢力後，終於下定決心征討南漢，之後宋軍勢如破竹，一路攻下了廣州城，南漢滅亡，碾碎劉氏在廣東的小富國夢。

166.《十國春秋》：「貞明二年，秋八月癸巳，王卽皇帝位於番禺，國號大越。大赦改元乾亨。」
167.《十國春秋》：「於閩鑄乾亨重寶錢。」
168.《十國春秋》：「乾亨二年冬十一月，帝祀南郊大赦，改國號曰漢，是時以國用不足，又鑄鉛錢，十當銅錢。」
169.《泉志》：「鉛錢有二品，輪郭鍥薄文曰「乾亨重寶」大者徑寸重三銖九參。重寶二字傳形小者，徑九分重三銖六參，傳形反書也。」
170.《南漢書》：「嶺北行商至國都，必召示之夸其富。」
171.《清異錄》：「南漢地狹力貧，不自揣度，有欺四方傲中國之志。每見北人，盛夸嶺海之強。世宗遣使入嶺，館接者遺茉莉，文其名曰小南強。」

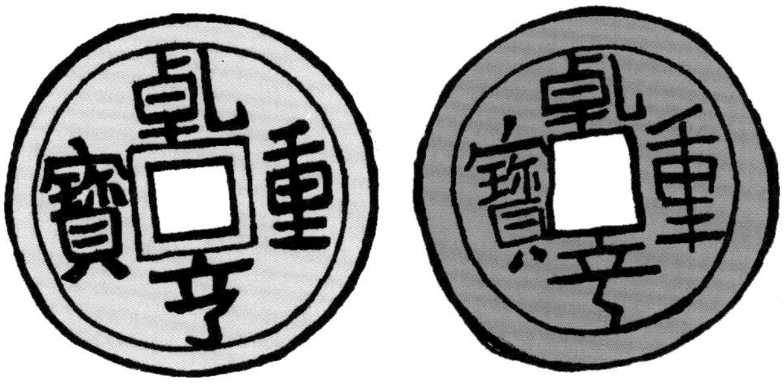

乾亨重寶 銅 & 鉛

直徑 : 24 mm
重量 : 2.9 - 4.6 g

古代經濟學 - 小國的貨幣逆襲

五代十國中裡的十國恰恰就有 7 個國家有鑄行貨幣，這些小國鑄造的錢幣並非是銅質，而是鐵或鉛錫，這反應出這些小國並非銅礦出產地更不是鑄造國，同時國內也不夠富裕，故鑄造鐵或鉛錫錢成本低廉許多，南方小國依靠貿易方式，將低廉的鐵錢流入中原之地換取物資，導致中原物資價格飛漲，銅錢被老百姓藏而不用，銅價也持續飆升，致使中原五代政權困擾不已。儘管中原五代常有頒布禁令，禁止這些鐵錢流通於國內，但因為中原地廣遼闊，實在難以禁止，許多物資仍持續流出中原。

這些腹地較小的國家也提防著其他國，禁止他國鐵錢流通於國內，影響經濟，除此之外這些小國為了加強經濟貿易，鼓勵產品加工及農產出口，刻意鑄造較重的鐵錢不易攜帶，讓外地商人再次在本國消費換成物資帶離國內。

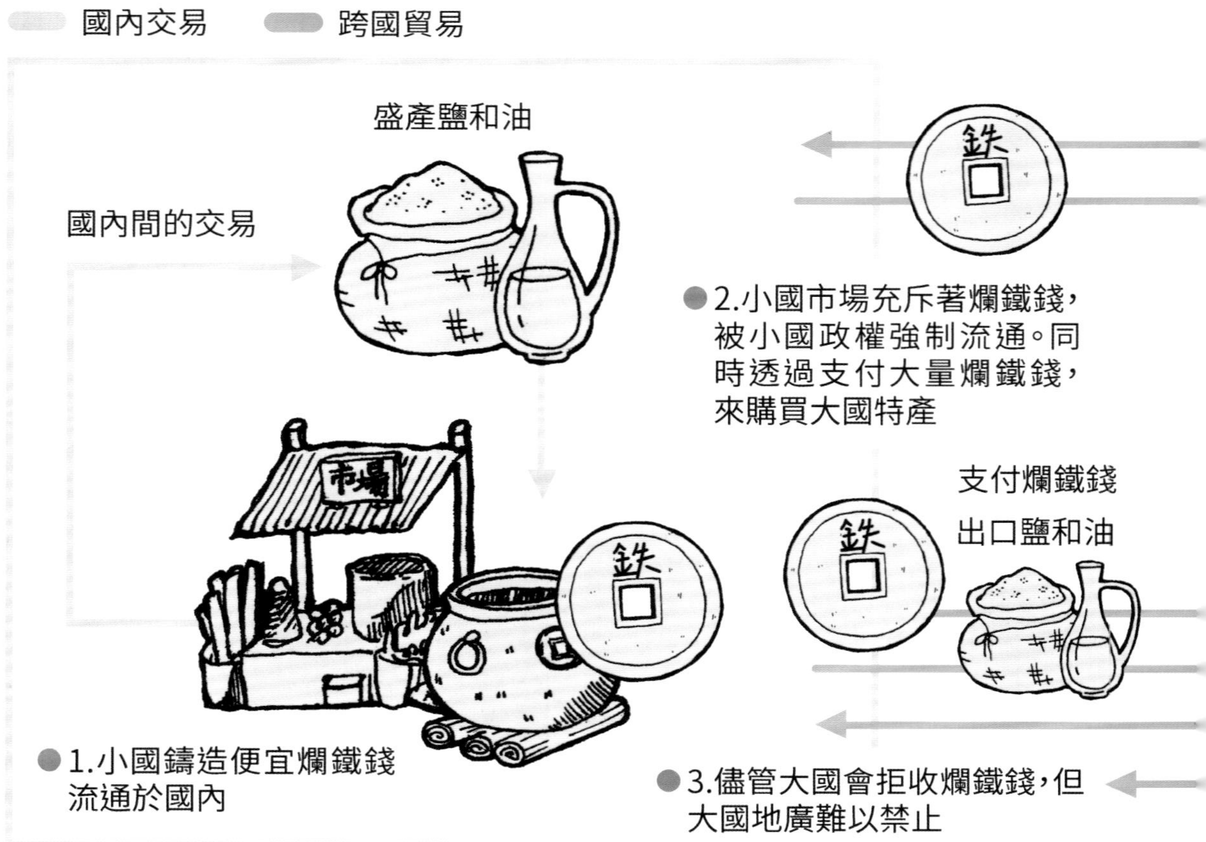
國內交易
跨國貿易
盛產鹽和油
國內間的交易
2.小國市場充斥著爛鐵錢，被小國政權強制流通。同時透過支付大量爛鐵錢，來購買大國特產
市場
鐵
支付爛鐵錢
出口鹽和油
1.小國鑄造便宜爛鐵錢流通於國內
3.儘管大國會拒收爛鐵錢，但大國地廣難以禁止

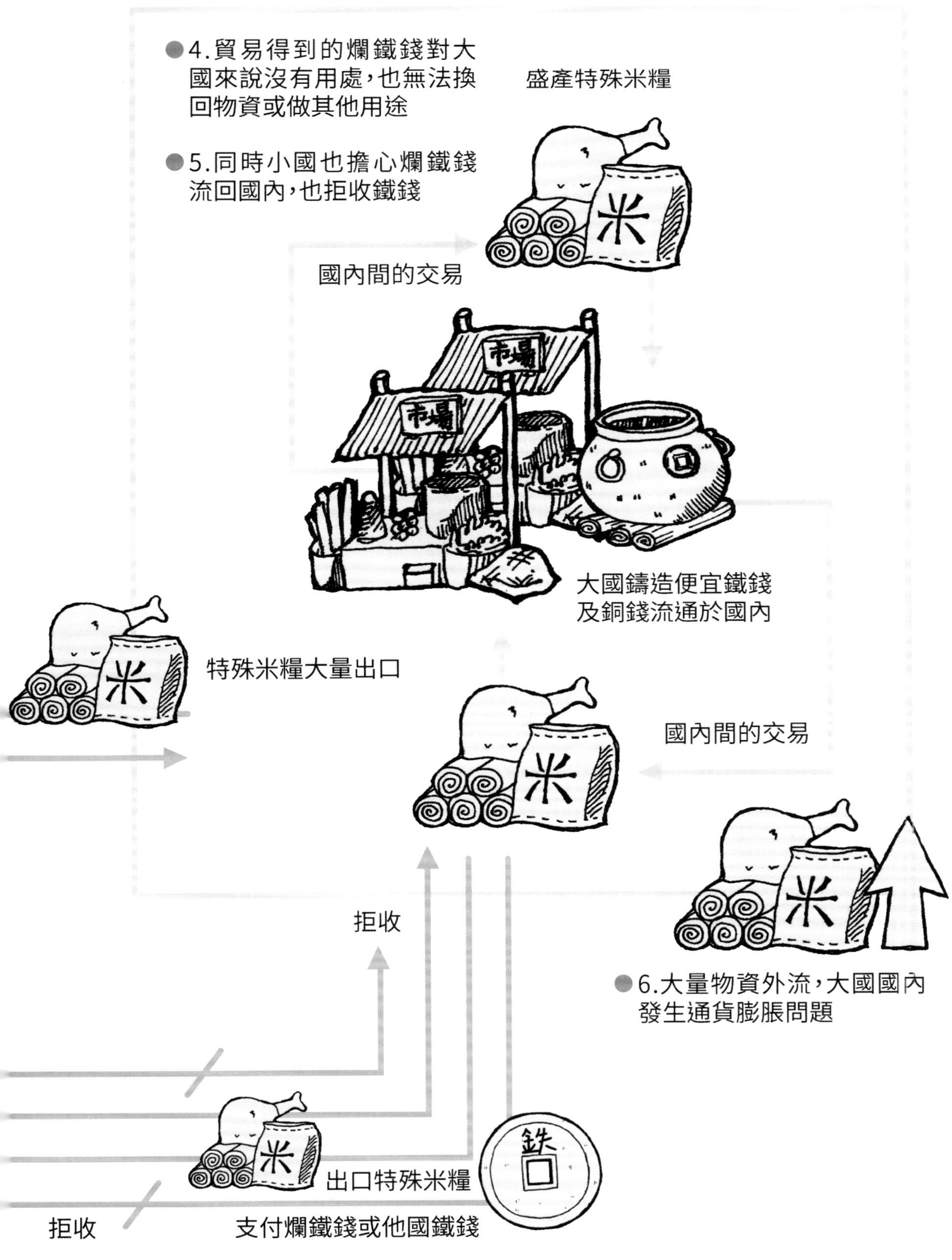
4.貿易得到的爛鐵錢對大國來說沒有用處，也無法換回物資或做其他用途
5.同時小國也擔心爛鐵錢流回國內，也拒收鐵錢
盛產特殊米糧
國內間的交易
市場
市場
大國鑄造便宜鐵錢及銅錢流通於國內
特殊米糧大量出口
國內間的交易
米
6.大量物資外流，大國國內發生通貨膨脹問題
拒收
鉄
出口特殊米糧
拒收
支付爛鐵錢或他國鐵錢

紛亂的貨幣，迎來下一個貨幣統一

後周皇帝駕崩後，曾任命趙匡胤為殿前都點檢（宮中禁軍隊長）掌握兵權，隔年北漢及契丹聯兵入侵邊疆，趙匡胤受命防禦。大軍將領擁戴趙匡胤為帝，史稱陳橋兵變，上演黃袍加身的戲碼，建國號「宋」，是為「宋太祖」，建立北宋後馬不停蹄的致力於統一戰爭，採納宰相趙普的「先南後北」策略，逐步滅荊南、湖南、後蜀、南漢及南唐等南方割據政權，最後滅掉北漢才完成全國統一。在北宋的建立之初也有鑄行貨幣，為宋元通寶，數量上並不多，紀念性質較高，宋元通寶的出現，加速了下一個貨幣統一的前奏，為繁華大宋拉開了序幕。

宋元通寶

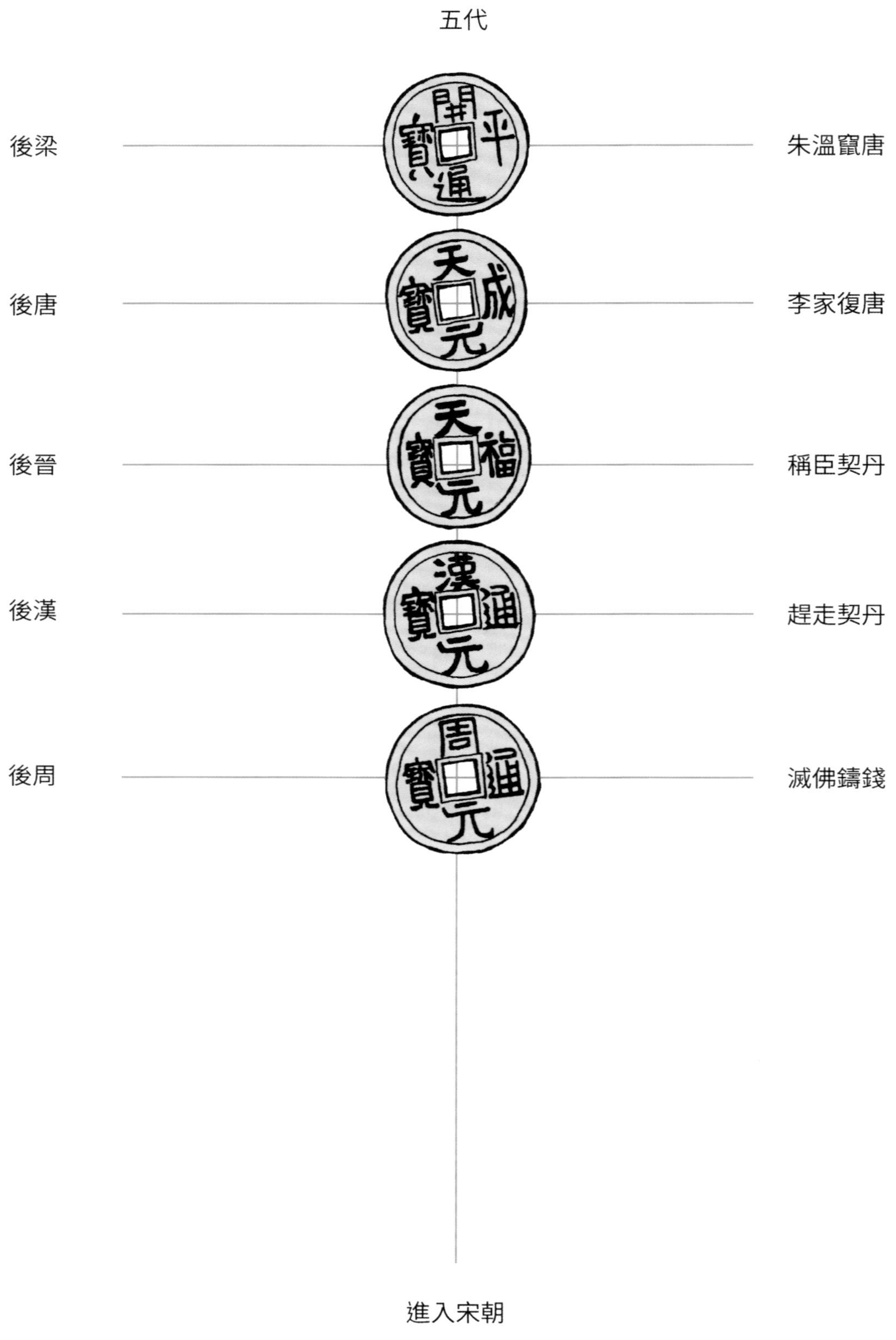
五代
後梁
開平通寶
朱溫篡唐
後唐
天成元寶
李家復唐
後晉
天福元寶
稱臣契丹
後漢
漢通元寶
趕走契丹
後周
周通元寶
滅佛鑄錢
進入宋朝

十國貨幣(有發行貨幣)

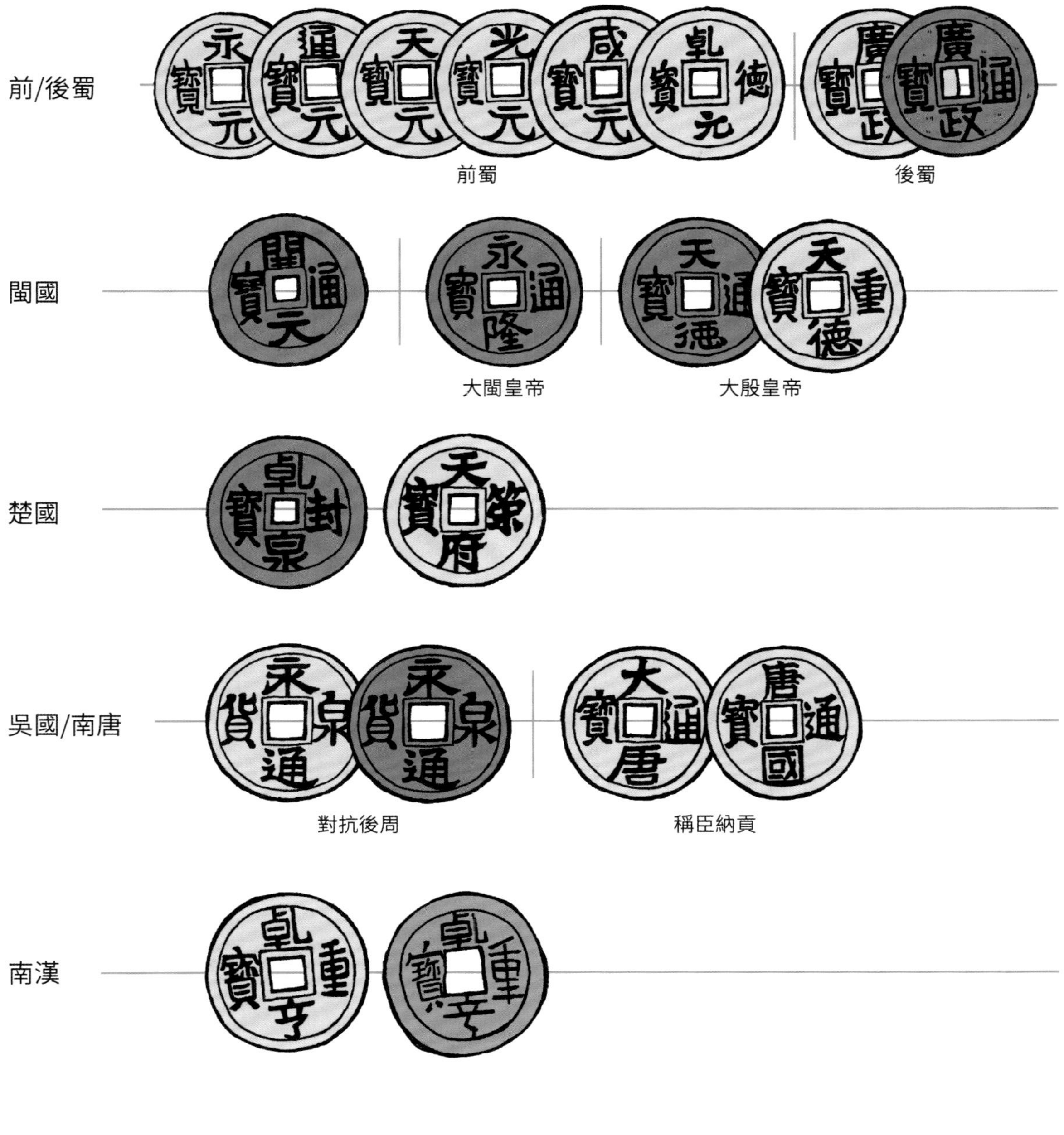
前/後蜀
前蜀
後蜀
閩國
大閩皇帝
大殷皇帝
楚國
吳國/南唐
對抗後周
稱臣納貢
南漢

隋朝	唐朝

置樣五銖

開元通寶

乾封泉寶

改回開元

大量鑄開元

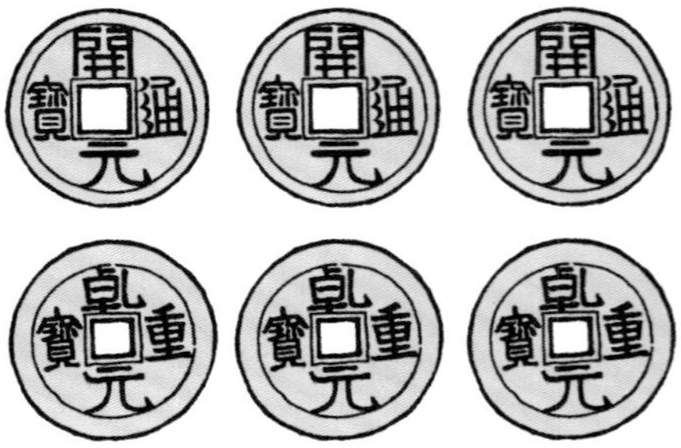

大唐籌軍費

叛軍鑄錢

安西都護府

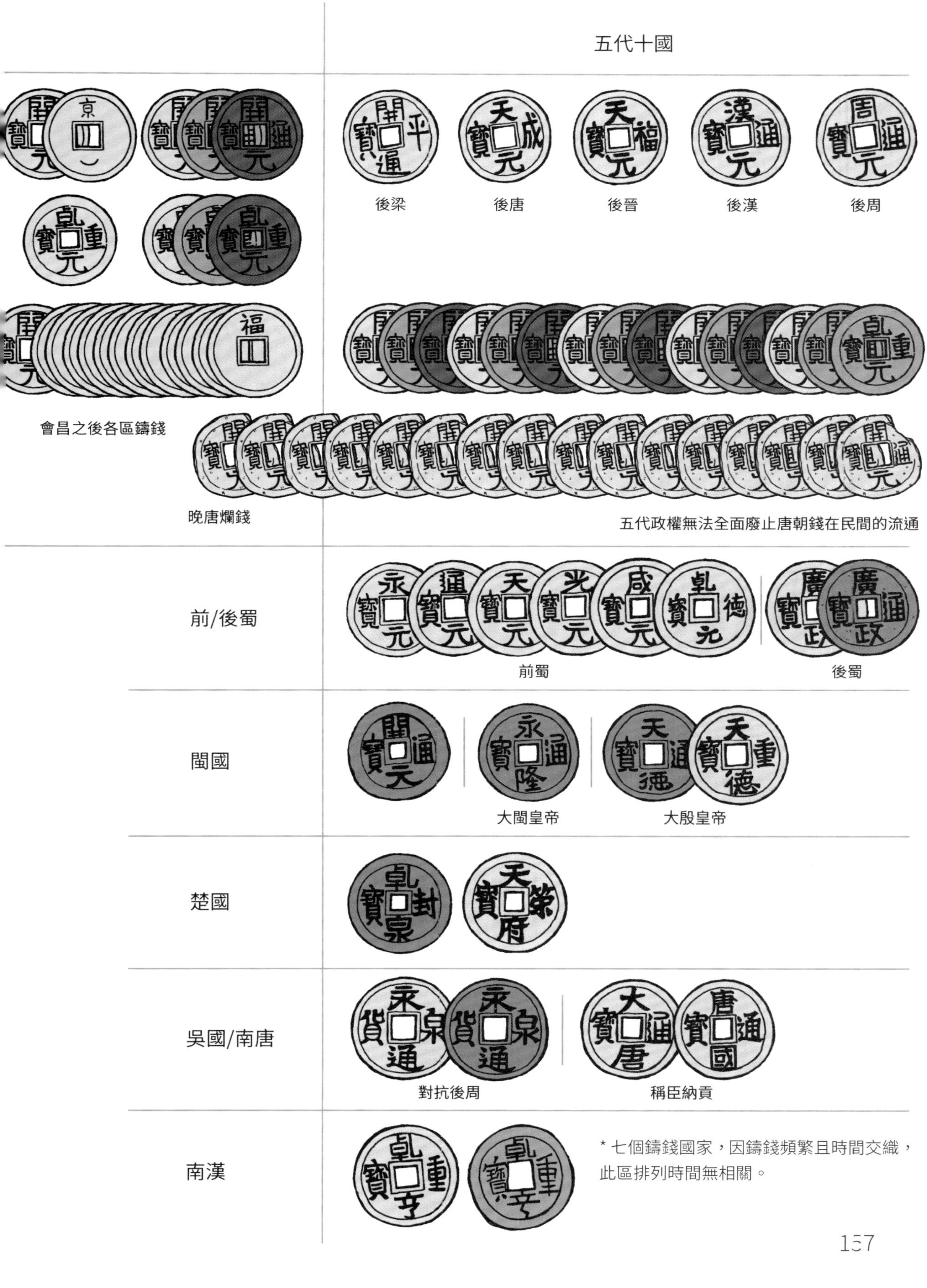

* 七個鑄錢國家，因鑄錢頻繁且時間交織，此區排列時間無相關。

結語

本書結束在五代亂世，若仔細回顧可以發現本書開頭只列舉了置樣五銖，但後續經歷了隋唐五代，貨幣開始越來越複雜，甚至到了五代之後的兩宋，又是另一個光輝璀璨的盛世，北宋銅錢鑄型量更是來到一個巔峰，而這些貨幣的出現都與特定的歷史事件有所關連，如此複雜的貨幣發展與許多我們過去所熟知的歷史事件與名詞交織再一起，正是古錢史迷人之處。本書從隋朝開始，在撰寫架構上，盡可能展現貨幣的連貫性，舉個例子，隋朝其實還有其他五銖，像是曲筆五銖及五銖白錢，但置樣五銖對於開元通寶的出現，有著決定性的影響，因此本書重點著墨於開元通寶的發展故而省略沒探討，然而這些沒被介紹的五銖也有其歷史價值。

大唐的開元通寶，從一開始就經歷嚴謹的計算及設計，並承襲隋朝置樣五銖的技術，由此可見李淵奪取天下的雄心以及對貨幣的遠見。隨著來到唐朝的鼎盛時期，表面上熱鬧繁華的市井大街，卻隱藏著缺銅錢及夾雜私鑄錢的危機。高宗為了對抗私鑄錢，鑄造了極具特色的乾封泉寶來與民兌換，然而很快便宣告失敗；玄宗則記取先前對抗私鑄的教訓，修改策略並大量鑄造開元通寶，最後卻也以失敗收場。貨幣問題還沒解決，卻又爆發了安史之亂，大唐在缺錢的情形下，只好鑄造大錢——乾元重寶來與民間換取更多財貨供給軍隊，等到第二次史思明再叛時，他還鑄造得壹元寶及順天元寶來與大唐進行「貨幣戰爭」，使得人民生活更加困苦。經歷了安史之亂，進入中唐時期，此時因中央政府的衰敗，地方節度使漸漸失去控制，而武宗繼位後發起滅佛，藉由滅佛來積累中央財富，卻也導致地方節度使從此能名正言順的自行鑄造貨幣。隨後晚唐又爆發黃巢之亂，此時市景大街到處流通著材質不一的雜亂貨幣，而中央政府卻已無力管束地方，只能被動的等待更加衰敗的結局。

歷史的巨輪來到五代十國，這階段的政權更替頻繁，各地方各自為王，中國進入再一次大分裂的局面。朱溫篡唐建立後梁，後梁貧困仍須與河東軍繼續作戰，鑄幣上不見史料記載，但有發現幾枚開平通寶不知真偽。緊接著河東軍打敗後梁建立後唐，並鑄造天成元寶。後來石敬瑭求助於契丹，入主中原建立後晉，藉由鑄造天福元寶來積累財富並按時繳納歲貢給契丹，也將燕雲十六洲割讓出去。隨著遼主耶律德光（契丹）無心治理中原，時常劫掠百姓，百姓有苦難言，劉知遠掌握先機反抗，驅趕外族入主中原，建立後漢並鑄行漢元通寶用於發放軍餉。再往後，郭威因被猜忌而接受將士們黃旗加身起兵造反，推翻後漢進入五代中最後一個朝代——後周。為解決缺錢的問題，周世宗即位後大肆毀佛鑄錢，發行周元通寶錢。而隨著後周國力蒸蒸日上，對各方盤據勢力發起統一戰爭，中國即將迎來另一個盛世——北宋。

五代十國中的十國共有七國鑄錢，鑄造的錢不是銅質且品質不一，為的是與中原進行貿易，變相劫掠中原，累積與大國相抗衡的資本。這些小國的貨幣至今流傳下來較少，多半是錢幣大珍（非常稀少），這也反映出亂世中難以有統一的貨幣出現，全面的貨幣改革也難以實行，更不用提貨幣的流通性。隨著中原政權的穩定及壯大，開始發起統一戰爭，軍事及經濟實力難以與中原相抗衡的小國們，不論是藉由和平交出政權或是拉攏其他小國共同抵抗，皆難以抵擋中國即將進入再次大一統。

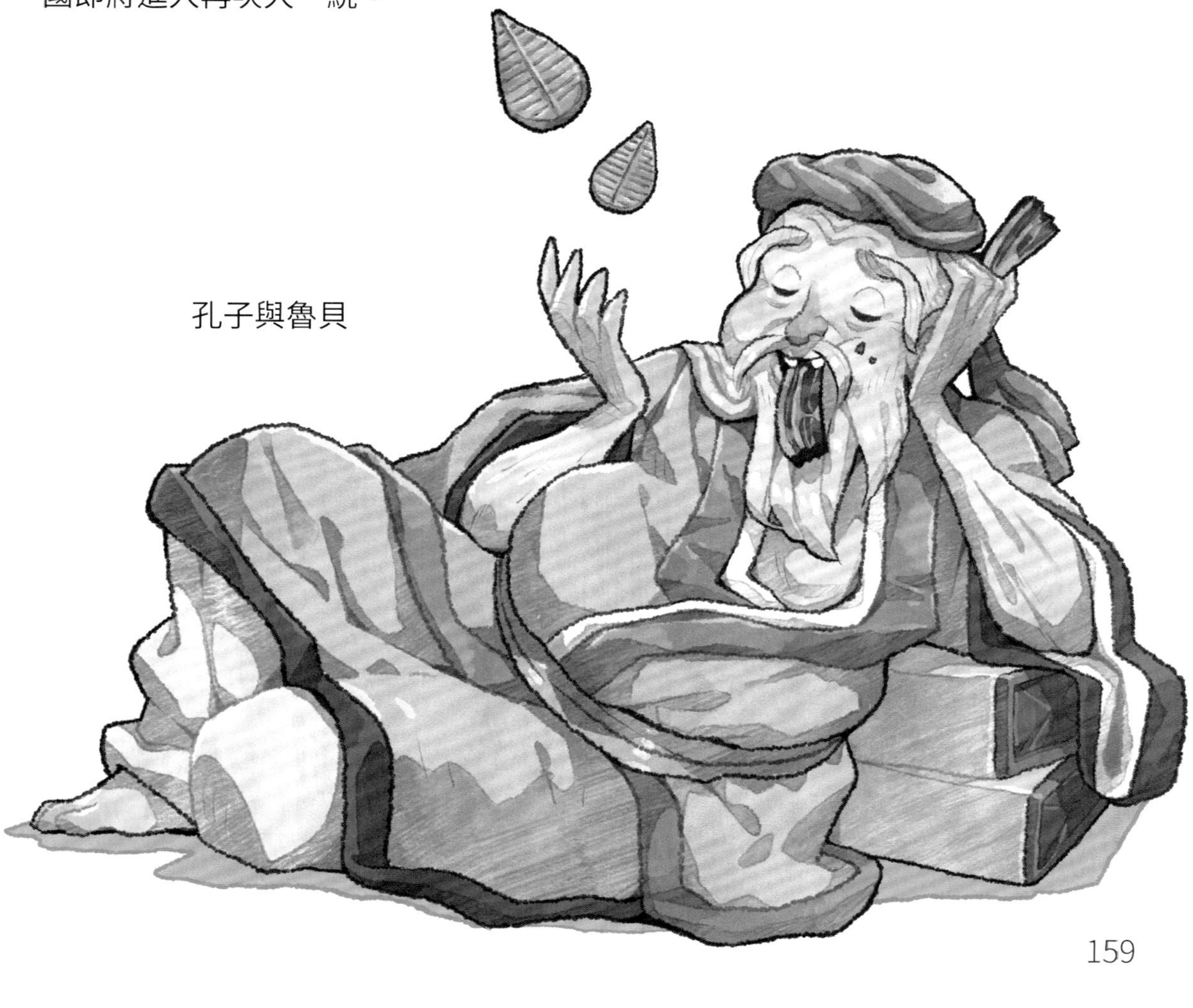
孔子與魯貝

錢幣寫真

A01. 開元通寶（光背）

A02. 開元通寶（背月）

A03. 乾元重寶（折十）

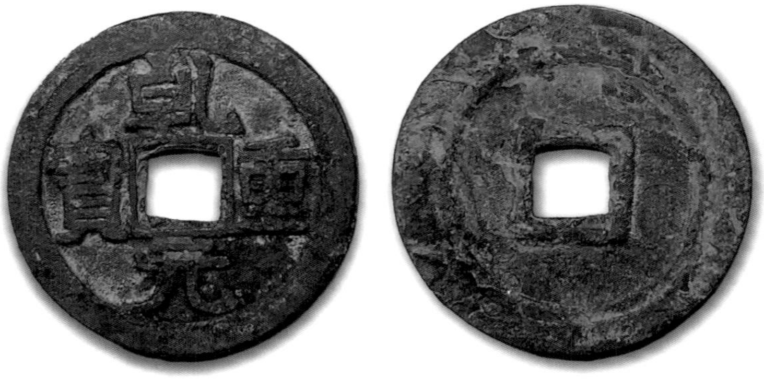

A04. 乾元重寶（背重輪）

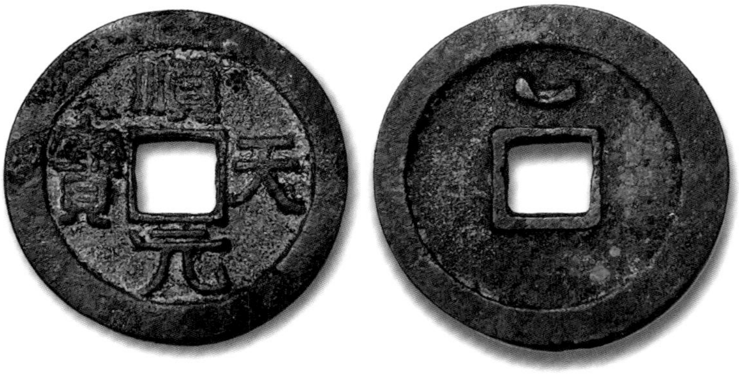

A05. 順天元寶

A06. 鐵五銖（背四出）

A07. 半兩（大篆書）

A08. 永安五銖

A09. 常平五銖

A10. 咸康元寶

A11. 唐國通寶

A12. 置樣五銖

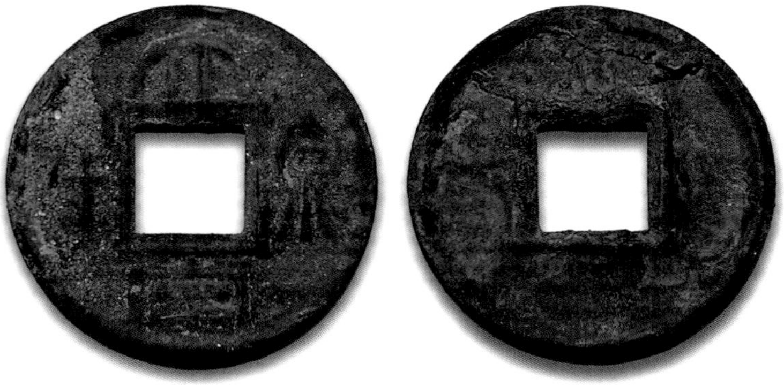

A13. 大泉當千

A14. 龜茲五銖
（與插圖銅錢版別不同）

A15. 直百五銖

小知識

銅錢會因為出土及傳世方式不同，導致外觀有不同的樣貌，有些錢幣經歷過嚴重氧化因而產生銅綠銹，有些錢幣與其他物質相互影響而呈現出藍綠色甚至是紅色的銹色。這些生滿綠繡的銅錢被稱作生坑，如不經過清潔，難以看清錢幣表面的文字，此外有些錢幣上可以看到土黃色，這些土黃色多半是砂土或淤泥長時間卡在幣面上難以被清除。除了生坑的錢幣之外，有些錢幣看起來十分乾淨，甚至保有銅的原色，這類型的銅錢被稱作傳世錢，它們並未被埋藏起來，而被妥善的保存或把玩。在收藏銅錢方面，有些藏家也會對於錢幣的生坑或傳世，以及是哪邊出土的有特別喜好或追捧。

後記

在史料選用上，筆者反覆思索，盡可能呈現真實且不過度解釋的歷史給讀者，有些是錢幣的官方記載，有些是民間流傳，並沒有史料做佐證。在資料的選擇上以及是否能編入書中，猶豫許久，一方面有史料佐證的歷史事實，相對乏味，而許多有趣的民間流傳，究竟有無此事仍是個謎，過多這類型的內容深怕此書失去了應有的嚴謹度。正因為筆者有做刪減及消化，書中的觀點僅是各種歷史觀點中的其中一種，並非是對於單一歷史事件全方位的探討，本書主要目的是希望大家看完這本書對銅錢也能感興趣，如有爭議或不同建議也歡迎來信討論，另外參考資料有詳細整理，對於史料感興趣的讀者，可以參閱我的參考資料做更深入的研究。

周公與銅貝

參考資料

一 . 文獻史料

1.(漢) 司馬遷，《史記》，北京：中華書局，1962。

2.(漢) 班固，《漢書》，北京：中華書局，1962。

3.(唐) 姚思廉，《梁書》，北京：中華書局，1983。

4.(唐) 姚思廉，《陳書》，北京：中華書局，1972。

5.(唐) 魏徵，《隋書》，北京：中華書局，1972。

6.(唐) 李延壽，《南史》，北京：中華書局，2012。

7.(唐) 李林甫，《唐六典》，北京：中華書局，2014。

8.(後晉) 劉昫，《舊唐書》，台北：台灣商務書局，2010。

9.(宋) 歐陽脩，《新唐書》，台北：台灣商務書局，2012。

10.(宋) 薛居正，《舊五代史》，台北：鼎文書局，1980。

11.(宋) 歐陽脩，《新五代史》，台北：鼎文書局，1981。

12.(宋) 王溥，《唐會要》，北京：中華書局，1956。

13.(宋) 王溥，《五代會要》，四庫武英殿聚珍版叢書。

14.(宋) 司馬光，《資治通鑑》，北京：中華書局，1956。

15.(宋) 沈括，《夢溪筆談校證》，北京：中華書局，1959。

16.(宋) 周煇，《清波雜志校證》，北京：中華書局，1994。

17.(宋) 宋敏求，《唐大詔令集》，吳興張氏宋輯善本彙刊本。

18.(宋) 洪遵，《泉志》，北京：中華書局，2013。

19.(宋) 陶岳，《貨泉錄》，北京：北京國家圖書館藏書。

20.(元) 脫脫，《宋史》，北京：中華書局，1985。

21.《敦煌文書》，北京：北京國家圖書館藏書。

22.(清) 歐陽直《蜀亂》，北京：北京國家圖書館藏書。

23.(朝鮮) 金禮蒙，《醫方類聚》，北京：人民衛生出版社，1982。

24.(明) 李時珍，《本草綱目》，北京：中華書局，2021。

25.(清) 吳任臣，《十國春秋》，北京：中華書局，2010。

26.(清) 屈大均，《廣州新語》，北京：北京大學圖書館。

27.(清) 董誥，《全唐文》，北京：中華書局，1983。

28.(清) 梁廷枏，《南漢書》，《藤花亭十種》清道光八年至十三年刊本。

二 . 專書論著

1. 錢穆，《國史大綱》，台北：台灣商務書局，2017。

2. 楊心珉，《錢貨可議：唐代貨幣史鉤沉》，北京：商務書局，2018。

3. 彭信威，《中國貨幣史》，上海：上海人民出版社，2017。

4. 史松霖，《錢幣學綱要》，上海 : 上海古籍出版社，1995。

5. 齊東方，《花舞大唐春—解讀何家村遺寶》，上海：上海古籍出版社，2019。

6. 陝西歷史博物館編著，《花舞大唐春—何家村遺寶精粹》，北京 : 文物出版社，2003。

三 . 近人文章

1. 王永生，〈大曆元寶、建中通寶鑄地考——兼論上元元年唐對西域的堅守〉，《中國錢幣》，1983 年。

2. 吳來明，〈六齊、商周青銅器化學成分及其演變研究〉，《文物》，1986 年第 11 期。

3. 吳承翰，〈唐宋貨幣經濟中的「短陌」問題——學說史考察〉，《早期中國史研究》，2008 年第 9 期。

4. 王寧，〈「元」、「中」單字錢之屬性〉，《內蒙古金融研究》，2003 年第 4 期。

王莽與他的寶貨們

感謝

首先很感謝各位讀者看到最後，為了編這本書，我醞釀了許久且反覆收集資料做比對，錢幣相關領域已有許多先進做研究及寫書，不少書內容艱深讓許多新人聞之怯步，在父母的鼓勵下我決定開始編寫一本錢幣科普的書籍，希望能推廣東方古銅錢，讓更多人喜歡。這本書編輯的過程中，遇到的困難族繁不及備載，實在難以描述。關於這本書其實與我父親有很深的相關，父親對於古貨幣一直以來有很深的著迷，也因為父親工作的關係我自幼少有與父親相處的機會，漸漸的我也不知道該如何對答，父親簡單的幾句關心，儘管包裹著對我的關愛，實際上換來我的無言以對，也是，畢竟那麼久沒有好好對話了，這畫面深深印在我腦海裡讓我多次感到無奈，無奈之間映入眼簾的是桌上的幾枚北宋銅錢，這也開啟了我對古錢幣探索的序幕。

這段收藏的道路上，我漸漸地喜歡上古貨幣，與一般人的不同之處在於，我起初並沒有那麼熱愛錢幣，只是為了尋找與父親對話的橋樑，在反覆咀嚼錢幣的過程中，錢幣的迷人之處漸漸顯現，這些錢幣見證了每個時段的歷史故事，如果你不知道背後的故事，那枚銅錢就如同破銅一般。在這道路上我遇到許多貴人相助，感謝吳俊賢和吳威宗前輩這一路上的相伴支持，編書的過程中開拓了許多視野，得以經手過目到不少好藏品，感謝好友趙彥清，在百忙之中撥空陪我對稿，這本書才能如期的編撰完成，感謝插畫家摩斯拉幼蟲，本書插畫的大推手，每次都給我驚喜，還有許多人要感謝在此不一一列上，在此特別感謝我的另一半李虹瑾，一路上陪我走到現在，替我打點不少事，讓我沒有後顧之憂專心寫書，至於我有沒有找到與父親對話的橋樑，我想應該找到了。

2023/03/24 於陋室

國家圖書館出版品預行編目 (CIP) 資料

銅錢你聽過嗎 ?. 隋唐五代篇 / 郭禮文編著 .
-- 初版 . -- 臺中市 : 白象文化事業有限公司 , 2023.06
172 面 ; 19.2x25.7 公分
ISBN 978-626-364-042-9(平裝)
1.CST: 古錢　2.CST: 銅錢　3.CST: 貨幣史　4.CST: 隋唐五代史
793.4　112007963

銅錢你聽過嗎？隋唐五代篇

編　　著　郭禮文
企劃編輯　郭禮文
插畫設計　摩斯拉幼蟲
史料編纂　林修弘
資料收集　陳旭
發 行 人　張輝潭
出版發行　白象文化事業有限公司
412 台中市大里區科技路 1 號 8 樓之 2(台中軟體園區)
出版專線 (04)2496-5995 傳真 :(04)2496-9901
401 台中市東區和平街 228 巷 44 號 (經銷部)
購書專線 (04)2220-8589 傳真 :(04)2220-8505
初版一刷　2023 年 6 月
定　　價　420 元